DR. MARK JONES

ESTAR CON JESÚS 365

EXPERIMENTA AUTÉNTICA INTIMIDAD CON DIOS

ELOGIO PARA EL LIBRO

No puedo pensar en nadie mejor para ofrecer un libro como este. Conozco al Dr. Mark Jones desde hace décadas, y puedo asegurarte que este desafío proviene de alguien con un amor asombroso por Dios. Es bien conocido por orar con gran fe y pasión, por su sincero amor por los demás, y por una vibrante intensidad en su camino con Dios. En este libro hace de entrenador personal del espíritu con un sincero deseo por prepararnos en cómo conectar con Dios. Ofrece un plan realista y factible, tanto en consejos prácticos como con motivaciones esclarecedoras. En todo esto, lo que más aprecio es cómo se deshace de la religión propensa a la culpa y la reemplaza con un genuino, honesto, y liberador enfoque. ¡Te recomiendo ampliamente la Experiencia de Adoración de 40 Días!

—*Ken Malmin, Director, Portland Bible College; Portland, Oregón*

¡*Estar con Jesús 365* y su Experiencia de Adoración de 40 Días revolucionará tu vida! Fui animado, desafiado, e inspirado por esta práctica y, además, dinámica guía para encontrarme en Su Presencia diariamente. Sin duda alguna, nuestras vidas se ven enriquecidas y refrescadas cuando simplemente tomamos tiempo para estar con Él—para abrir nuestros corazones a los susurros de Su íntimo amor. No hay manera más clara de cultivar un estilo de vida en Cristo que a través de la adoración. ¡Este es un libro que NECESITA LEER cada creyente que tenga hambre de Su Presencia!

—Howard Rachinski; expresidente y director, Christian Copyright Licensing Int. (CCCLI); Portland, Oregón

Durante los últimos veinticinco años, he estado profundamente impactado por la trayectoria y ministerio de Mark Jones. Finalmente, el secreto ha sido revelado en este fascinante libro que ha tenido un profundo impacto en mi propia vida. Viví la Experiencia de Adoración de 40 Días y estoy todavía disfrutando de la revelación que trajo a mi tiempo devocional privado y a muchos aspectos más. Este libro es de lectura obligada para todas las personas sin importar su edad o nivel de madurez cristiana. Te refrescará, te fortalecerá, y desarrollará en ti una nueva comprensión de lo que significa tener una relación personal, íntima, con Jesús. ¡Comienza el desafío! Te reto a que lo tomes.

—Marc Estes, Pastor Principal, Mannahouse; Portland, Oregón

El Dr. Mark Jones es una de las personas más espiritualmente apasionadas y genuinas que he conocido. La vida de oración y devoción del Dr. Mark ha inspirado a incontables creyentes, de los cuales yo formo parte, a transformar la disciplina de la devoción en una búsqueda de intimidad con un Dios personal. Su libro, *Estar con Jesús 365*, es una guía inspiracional y práctica que conducirá al lector sincero hacia una relación con Dios más profunda, rica, y transformadora de vidas. *Estar con Jesús 365* captura el corazón de la auténtica vivencia devocional, y su impacto permanecerá mucho después que la experiencia de cuarenta días haya sido completada.

—Michael P. White, Director, Gateway Communications, Inc., Portland, Oregón

Este libro está dedicado a un querido amigo,
el Pastor Jack Louman, quien falleció
el 27 de julio de 2012.

Jack fue un verdadero campeón de la fe, mi
mentor, y mi amigo. Un hombre que amó
a Dios y a su familia y que dedicó su vida al
trabajo pastoral y al servicio de las personas.
Todos quienes lo conocimos lo admiramos.
Por siempre lo extrañaré profundamente.

ÍNDICE

PRÓLOGO

En cada iglesia hay principios clave que se convierten en pilares que le dan forma. Estos principios clave son usualmente enseñados y moldeados por líderes particulares. Toda verdad debe ser transformada de la teoría a la encarnación. La verdad debe "convertirse en la carne y morar entre nosotros", y entonces "contemplaremos la gloria", llena de gracia y verdad.

Dr. Mark Jones, el pastor principal de oración en nuestra iglesia, ha sido un modelo de las verdades en este libro por más de dos décadas. Realmente nos ha dejado ver el efecto *real* de la *teoría* de la oración.

Esta experiencia de poderosa devoción transformadora de vidas te ayudará a asumir una simple verdad y a comprobarla durante cuarenta días. Los hábitos se forman en la disciplina de las actividades diarias, y siete semanas pueden ser justo lo que necesitas para empezar una nueva vida de poderosos encuentros con Cristo en la privacidad de la oración.

Aprende a entregar, celebrar, meditar, abrir tu corazón y tu vida, escuchar, y obedecer lo que escuches. Aprende a registrar el trabajo de Dios en tu vida. Aquí está: ¡adelante!

Frank Damazio
Frank Damazio Ministries, Portland, Oregón

CÓMO USAR ESTE LIBRO

El objetivo de este libro es ayudarte a conectar con Dios cada mañana para recibir Su amor, escuchar Su voz, y transformarte. El libro está dividido en tres secciones, las cuales se explican más adelante. Puede usarse individualmente, con un amigo, como parte de un grupo de estudio, o con un guía o mentor que esté dirigiendo a alguien más hacia un caminar más cercano con Dios.

La primera sección, *Comencemos*, es una visión general de la Experiencia de Adoración de 40 Días. Esta debería leerse primero, ya que explica lo que la Experiencia es y cómo puede beneficiarte. Tan pronto termines esta corta sección, deberías comenzar con el Día 1 de la Experiencia, aún si no has leído el resto del libro.

La segunda sección, *Intimidad con Dios*, cubre siete principios que te ayudarán a descubrir un caminar más cercano con Dios durante tu tiempo devocional. Esta sección debería ser leída a tu propio ritmo. Si puedes completarla relativamente rápido, hacia el comienzo de la Experiencia, enriquecerá tu tiempo con el Señor. Puede que hasta la vuelvas parte de tu tiempo devocional. Por otra parte, o si estás realizando la Experiencia como parte de un grupo, es posible que decidas cubrir un capítulo por semana durante siete semanas. Este método igualmente funciona muy bien.

La tercer sección, *Oración y Diario*, consiste en dos herramientas opcionales. La "Oración de Entrega" es algo que escribí hace años y que siempre uso al comienzo de mi tiempo con el Señor para colocar en Él mi corazón y mente. El "Diario de 40 Días" es una serie de cuarenta recordatorios diarios de los Salmos junto con espacios en blanco para escribir lo que Dios te hable a lo largo del camino. Si nunca has hecho la Experiencia de Adoración de 40 Días antes, te recomiendo esta herramienta para guiarte la primera vez, pues vuelve el proceso más fácil de entender y te permite concentrar tu tiempo en Dios sin preocuparte sobre cuál pasaje leer.

En todas las relaciones, la conexión entre dos personas no puede ser fácilmente enseñada o completamente explicada. Debe ser experimentada. Así, de la misma forma, tu relación con Dios se desarrollará. Tan pronto como comiences a encontrarte con Él por las mañanas, será que comenzarás a disfrutar de la belleza, intimidad, y amor que Él añora compartir contigo. Por esa razón, como ya mencioné, te sugiero comenzar el Día 1 de tu Experiencia lo antes posible.

Visita el sitio web www.bewithjesus365.org para obtener información adicional o ánimos para el camino.

COMENCEMOS

COMENCEMOS

Como el ciervo anhela las corrientes de las aguas, así te anhelo a ti, oh Dios. Tengo sed de Dios, del Dios viviente. (Salmo 42:1-2a).

Hace años, sufría de constantes ataques de miedo y ansiedad. Era una sensación que iba más allá de las palabras: un oscuro laberinto sin escapatoria. Cada mañana me despertaba temprano con el pánico y la depresión invadiendo mi cuerpo. Me sentaba en una silla en mi habitación y me preocupaba: sobre la vida, sobre mis finanzas, sobre los retos que estaba enfrentando, sobre todo. Pensaba que estaba tratando de resolver mis problemas, pero sólo me atrapaba más en ellos. Tiempo después, me referiría a esa silla como mi "silla de la depresión". Era un símbolo de la desesperanza y la desesperación.

Un día, no obstante, todo cambió para mí. Salí a pasear en bicicleta, algo que había comenzado a hacer unos cuantos meses antes con la intención de realizar algo de ejercicio. Mi hábito mientras andaba era escuchar podcasts o música de adoración en mi iPod (¡el cual en el momento era tecnología de punta!).

Este día en particular, estaba escuchando un podcast. La locutora, en su típico estilo directo, dijo, "si te enamoras del Señor de nuevo, el 90% de tus problemas desaparecerán".

Dios me habló en ese instante. Era tan fuerte y claro que casi me tiró de la bici. "Hijo, lo más cercano que jamás has estado de Mí fue cuando estabas en la facultad de odontología".

Eso fue varias décadas antes, pero mi mente regresaba en flashes a esa temporada como si hubiera sido ayer. Yo era nuevo en ser cristiano. No sabía mucho acerca de Dios, la oración, o los dones espirituales, pero genuinamente amaba al Señor. Cada mañana durante dos años, iba al bosque detrás de los dormitorios y hacía adoración por quince minutos. Solía despertar al dormitorio entero con mis oraciones y alabanzas. Fue una etapa maravillosa. Estaba lleno de dicha y paz. Mi amor y pasión eran contagiosos, y hubo gente que recibió a Cristo al haberles compartido acerca del Señor.

El recuerdo terminó, y yo estaba sobre mi bicicleta, andando por el camino. Fue entonces que algo me ocurrió, algo que nunca había siquiera considerado antes: tal vez yo no era el único que disfrutaba de aquellos momentos de adoración. Así que le pregunté a Dios, "¿acaso Tú obtenías algo de aquellos ratos?".

Inmediatamente sentí una abrumadora sensación del beneplácito de Dios. Me di cuenta de que mi amor por Él y el tiempo que hemos pasado juntos significan más para Él que para mí. Le dije a Dios que si significaba tanto para Él, nunca volvería a faltar otro día.

Tenía una imagen mental de Dios observando a Sus hijos dormir, tan sólo esperando

> TENÍA UNA IMAGEN MENTAL DE DIOS OBSERVANDO A SUS HIJOS DORMIR, TAN SÓLO ESPERANDO A QUE DESPIERTEN PARA PODER PASAR TIEMPO CON ELLOS Y AYUDARLES EN SUS NECESIDADES.

a que despierten para poder pasar tiempo con ellos y ayudarles en sus necesidades. Me percaté de que la dicha, la paz y los frutos que han caracterizado mi vida desde hace treinta años han sido un producto de aquellos momentos con Él.

En el tiempo que me tomó andar cien metros, mi vida había cambiado.

Al día siguiente, me desperté determinado a encontrarme con Dios. Mi depresión estaba todavía tan mal que apenas podía pararme de la cama. Fui a un café cristiano, y comencé a leer un devocional mientras que música de adoración sonaba suavemente en el fondo. Cada par de canciones, me rompía en llanto. Algo dentro de mí se liberaba mientras que yo pasaba tiempo en la presencia de Dios.

Esto continuó por seis meses. Desafortunadamente, un día hubo un incendio en el café que lo quemó hasta sus cimientos. Encontré otro café cerca de ahí. Comencé a usar audífonos para escuchar música de adoración mientras tomaba mi café y leía mi Biblia.

Cada día, comenzaba mi tiempo de oración sin preconcepciones ni una agenda. Simplemente ponía música de adoración; sacaba mi Biblia, una pluma, y papel; y cedía el control al Espíritu Santo. Mis momentos con Dios se volvieron espontáneos, improvisados, orgánicos, y fascinantemente impredecibles.

Algo más comenzó a suceder. Mientras más pasaba tiempo en la presencia de Dios, mi yo interno crecía más fuerte. La depresión, la ansiedad, y el miedo ya no eran capaces de encontrar asidero en mis pensamientos y emociones. Eventualmente, tiré la "silla de la depresión"—ya nunca la usaba.

Soy una persona realmente distinta ahora. Los ataques de pánico han desaparecido. El miedo y ansiedad paralizantes han quedado enterrados en el pasado. Soy capaz de mantener mis pensamientos y emociones bajo control.

Han pasado años desde que di el primer paso. He mantenido mi promesa de encontrarme con Dios. Sé que Él está aguardando por mí cada mañana, y no puedo esperar para estar en Su presencia.

Desde entonces, he compartido mi historia y los principios que he aprendido con muchos otros, e incontables personas han decidido intentarlo ellas mismas. Llamo a este método *Experiencia de Adoración de 40 Días* porque invito a la gente a comprometerse por cuarenta días a pasar tiempo con Dios en adoración. También lo he incorporado en una clase de oración que enseño en mi iglesia llamada *Ministerio de Oración*.

Son incontables todas las historias de fresco amor por Dios y cambios de carácter que amigos y estudiantes han compartido conmigo. Sus vidas transformadas son la razón por la que decidí escribir este libro. He incluido aquí varias citas de esas historias.

En las siguientes páginas, explicaré lo que es la Experiencia de Adoración de 40 Días, compartiré varios principios que he aprendido, y te invitaré a experimentar a Dios por ti mismo. Mi objetivo no es controlar tu tiempo de oración, sino expandir tus expectativas y liberarte en tu propio camino con Dios.

Creo que los próximos cuarenta días cambiarán la manera en que te relacionas con el Señor. Si aceptas la Experiencia de Adoración de 40 Días, te transformarás de adentro hacia afuera y experimentarás la cosa más importante en la vida: una auténtica relación con el Dios que te creó.

Este libro no es una exhaustiva lista de principios para orar. No voy a darte una fórmula o ritual a seguir. Más bien, es un punto de arranque. Una invitación. Ánimos de un buscador a otro. El anhelo en tu corazón por Dios es real, y Él puede colmar tu más profunda necesidad de amor.

ESTÁS A PUNTO DE DESCUBRIR UN NUEVO NIVEL DE INTIMIDAD CON DIOS.

Me gusta pensar en las siete verdades que revisaremos en las siguientes páginas como principios para desbloquear una auténtica intimidad con Dios. A través de estas verdades fáciles de seguir, comenzarás inmediatamente a practicar y disfrutar la cercanía con Dios. Mientras lo hagas, tu vida y tu camino con Él se desenvolverán de nuevas maneras. A través de los años, he visto esto ocurrir con incontables personas que han adoptado estas verdades, y creo que te pasará también a ti.

> DURANTE LOS PRÓXIMOS CUARENTA DÍAS, PASA TIEMPO A SOLAS CON DIOS CADA MAÑANA EN UNA ATMÓSFERA DE ADORACIÓN.

Este diario devocional no está limitado a cuarenta días, ¡mas es un buen punto de partida para empezar! Es interesante cómo muchas veces el número cuarenta aparece en la Biblia. He oído que toma cuarenta días comenzar un hábito, y espero que cuarenta días de entrega personal te posicionarán en una nueva dirección en tu sendero espiritual.

Estás a punto de descubrir un nuevo nivel de intimidad con Dios. Aprenderás cómo cultivar una continua consciencia de la presencia de Dios en tu vida. Nunca subestimes el poder del tiempo pasado con Dios.

¿Qué es la Experiencia de Adoración de 40 Días?

Este es mi desafío: *durante los próximos cuarenta días, te invito a pasar tiempo a solas con Dios cada mañana en una atmósfera de adoración, entregando tu voluntad a*

Su voluntad y recibiendo Su amor.

Eso es todo. El desafío completo. El resto de este pequeño libro te proporcionará algunas sugerencias y principios para ayudarte a maximizar la experiencia, pero la premisa es que tú intencionalmente te encuentres con Dios por medio de la intimidad de la adoración.

Necesitarás una Biblia, un diario, una pluma, y un reproductor de música. No puedo decirte qué esperar porque no habrá dos días exactamente iguales. Tu tiempo devocional será fresco y único cada día. Esta no es una fórmula—es una íntima y continua relación con tu Creador. Tus encuentros con Dios nunca deberían convertirse en mero deber. Por el contrario: deben ser la parte más emocionante del día.

Cada humano tiene necesidades innatas—cosas como la libertad, el amor, la felicidad, la aceptación, el propósito, y la paz. Cuando le permites a Dios conocer esas necesidades, ya no necesitas seguir pasando tu día en búsqueda de satisfacción emocional, mental, espiritual y relacional. La presencia de Dios en tu vida es la base para cada bendición que necesitas.

El amor de Dios te deslumbrará mientras que tú te deleitas en Él. Tu amor por Él crecerá. No hay prisa. Deja que la relación se desarrolle naturalmente.

Para dar inicio, te aliento a que apartes los primeros quince minutos del día para Dios. Mientras las jornadas transcurran, probablemente incrementarás ese tiempo porque se convertirá en tu parte favorita del día.

La cercanía que comiences a sentir con Dios

continuará durante todo el día, mucho después de que hayas abandonado tu lugar de silencio. Te encontrarás deslizándote fácilmente en conversaciones con Dios. Estarás más consciente de Su presencia en cada circunstancia.

De hecho, comenzarás a escuchar la voz de Dios hablándole a tu corazón por medio de Su Espíritu, proveyéndote de una fresca apreciación por Su Palabra. La Biblia cobrará vida. Serás capaz de discernir Su voz entre el resto de las voces. El desorden de tu mente y corazón se aclarará. Los deseos carnales y los pensamientos tóxicos y negativos disminuirán. Verás el propósito de Dios para tu vida más claramente.

Tiempo Devocional Definido

Siempre he sido una persona de oración. Amo orar con gente y por la gente, y he visto a Dios hacer cosas increíbles en las vidas de las personas en respuesta a la oración. Incluso he sido el pastor de oración en nuestra iglesia durante muchos años.

Aun como un pastor de oración, no obstante, solía batallar con encontrar tiempo para estar a solas con Dios a primera hora de la mañana. Sabía mentalmente que un tiempo personal de oración era importante, pero las presiones y ocupaciones de la rutina a menudo empujaban mi vida devocional hacia un lado. Solía sentir culpa porque no oraba una hora diariamente ni seguía

estrictos planes de oración.
Hasta evadía hablar acerca
de los tiempos devociona-
les personales porque sen-
tía que era un mal ejemplo.

Me doy cuenta ahora de
que me estaba perdiendo
del meollo del asunto. La oración es más que sólo palabras que le decimos a Dios. La oración se trata de en-
contrarnos con Él y de desarrollar una relación real:
hablando con Él, escuchándolo, adorándolo, aprendiendo de Él, dejándonos ser amados por Él.

Mi definición práctica de "tiempo devocional" es
simple: tiempo a solas con Dios. Me referiré a eso seguido en este libro. Tu tiempo devocional no se trata sólo
de orar o leer la Biblia, aunque sí incluirá dichas cosas.
Lo principal es simplemente estar con Dios. Recuerda,
orar no es solamente algo que hacemos. Es alguien con
quien estamos: Dios.

En los términos más simplistas, el tiempo devocional
es una oportunidad para ser amado por Dios. Tú ya eres
completamente conocido y amado por Él, pero en este
espacio, tú te vuelves profundamente consciente de esa
verdad. Aquí es donde Él llena tu más básica necesidad
de amor. Ese amor echa leña a tu corazón, activa tu fe, y
destruye tu miedo. Satisface tu ser y revela el valor y ha-
bilidades que Él te dio cuando Él te creó.

Todo esto pasa mientras tú te entregas tu voluntad a la de Él y recibes toque divino cada mañana. Su

presencia fluirá a través de ti, dando a luz Su vida por el Espíritu Santo. Esta experiencia ocurre dentro de tu corazón; luego fluye hacia afuera para impactar tu mundo físico con justicia, paz, y gozo. Es la presencia de Dios fluyendo dentro de ti y movilizándose por medio de ti.

¡Nada se le compara!

Establece un Lugar y Hora

La parte más retadora de la Experiencia de Adoración de 40 Días es levantarse a tiempo cada mañana para comenzar el día con el Señor. Seguido, entre las ocupaciones de la vida, nuestra relación con Dios queda excluida. Sabemos que debemos pasar más tiempo con Él, pero no lo hacemos.

Prepárate. Todo intentará separarte de estas reuniones con Dios. Vendrán a tu mente excusas y distracciones. No dejes que te detengan. Ten determinación. Establece la cantidad de tiempo que quieres dedicar a estar con Él—de nuevo, sugiero comenzar con los primeros quince minutos de tu día—y comprométete a apartar por lo menos esa cantidad de tiempo por cuarenta días consecutivos.

> ES MARAVILLOSO INICIAR LA JORNADA ENCONTRÁNDOTE CON DIOS, Y PARA MUCHAS PERSONAS, ES LA MAÑANA EL MOMENTO DEL DÍA CON MENOS DISTRACTORES.

Recomiendo fuertemente apartar tiempo por las mañanas. Es maravilloso iniciar la jornada encontrándote con Dios, y para muchas personas, es la mañana el momento del día con menos distractores. Incluso si no eres una "persona mañanera", o si estás acostumbrado a orar en las tardes o en las noches, te desafío a experimentar encontrarte con el Señor a la primera hora de los siguientes cuarenta días. Estoy seguro de que te encantará.

Siempre le pido a los estudiantes de mi clase de oración que aparten tiempo por las mañanas. A algunos no les parece muy bien en un inicio, pero siempre terminan gratamente sorprendidos con los resultados. La historia de Ericka ilustra lo anterior. Ella dice:

Esta hazaña de cuarenta días definitivamente fue un reto para mí, ya que hacer cualquier cosa por la mañana antes de alistarme para mi día siempre me ha resultado muy difícil. No estoy muy al tanto de mis pensamientos a primera hora, y usualmente sólo me levanto dando tumbos de la cama, preparo el café, y pienso acerca de todo lo que voy a tener que hacer ese día. Cuando comencé a salir de la cama e ir directo hacia los brazos de Jesús, las cosas no pudieron haber cambiado más rápido.

Escoge un lugar cómodo donde puedas relajarte. Debería estar libre de distracciones e interrupciones para que puedas concentrarte por completo en tus pensamientos sobre el Señor. Esto puede ser dentro de tu casa, o puede suceder en un espacio público. Como ya mencioné, mi hábito es ir a un café, ponerme mis audífonos, y escuchar música de adoración. Eso me funciona de maravilla.

Abre conscientemente tu corazón al fluir de Su amor mientras entregas tu voluntad a la Suya. La clave para este tiempo con Dios es encontrar Su amor por ti y expresar tu amor por Él. Salmo 143:8 lo pone de esta forma: "Hazme oír cada mañana acerca de tu amor inagotable, porque en ti confío. Muéstrame por dónde debo andar, porque a ti me entrego". Este versículo puede ser tu oración cada mañana.

Escucha Música de Adoración

Te animo a escuchar música de adoración durante tu tiempo devocional porque te vas a conectar con Dios de corazón a corazón, y la música de adoración y alabanza es un vehículo magnífico para eso.

Algunas personas son capaces de tocar un instrumento o de cantar ellas mismas, y esas son hermosas formas de adorar. Escuchar una grabación, no obstante, hace que escribir en tu diario o leer la Biblia se vuelva más fácil mientras experimentas la presencia de Dios.

SEAS UNA PERSONA MUSICAL O NO, ERES UN ADORADOR.

La música de cualquier tipo tiene un elemento que trasciende al intelecto y a la lógica. La música puede estimular una relación, establecer un ambiente específico, reducir las distracciones externas, y comunicar a través de la letra, tempo, y notas musicales. Por ejemplo, piensa sobre el rol que la música romántica juega en las relaciones, cultura, y películas.

La adoración es más que música, pero como vemos en los Salmos, a menudo incluye música. Seas una persona musical o no, eres un adorador. Dios te creó para adorar. Aprende a volcar tu atención en Él, a ponerlo primero a Él, a valorarlo y exaltarlo y adorarlo a Él. Hablaré de esto más adelante con mayor detalle.

La adoración es el mayor acto de intimidad en el planeta. Adorar "en el Espíritu" es conocer a Dios en tu ser interior; es conectarte con Él a un nivel espiritual. Incluye al intelecto pero es mucho más profundo que eso.

La Palabra de Dios dice que cada uno de nosotros es un "templo del Espíritu Santo" (1 Corintios 6:19). Un templo es un lugar para que Dios se encuentre con la humanidad. En otras palabras, Él desea reunirse con nosotros personalmente en un encuentro uno a uno con el Rey de reyes. Nuestro primer lugar de adoración no es un edificio—es nuestro corazón.

Medita Sobre la Palabra

La Experiencia de Adoración de 40 Días se trata de encontrarse con Dios, y Dios se revela a Sí mismo a través de Su Palabra. Mientras leas y medites en porciones de la Biblia, ciertos pasajes, versículos, y frases te saltarán. Seguido le llamamos a esto *rhemas*, el cual es un término griego que se refiere al mensaje hablado. Estos rhemas son una de las maneras de Dios de hablar directamente a tu vida.

Mientras leas Su Palabra, estás simplemente ingiriendo las palabras que Dios te está hablando, interactuando con ellas internamente, escribiendo tus pensamientos, y poniendo lo que recibes en práctica por el resto del día. La clave es capturar el mensaje fresco, vivo, y "del día" por parte de Dios a través de meditar en Su infinita e infalible Palabra. Desarrollaré esto con mayor detalle en la sección de Meditación más adelante en el libro.

> CAPTURA EL MENSAJE FRESCO, VIVO, Y "DEL DÍA" POR PARTE DE DIOS A TRAVÉS DE MEDITAR EN SU INFINITA E INFALIBLE PALABRA.

La sección 3 de este libro, el Diario, contiene cuarenta pasajes de los Salmos para leer y reflexionar. Los incluí como un punto de partida, pero puede que prefieras leer algo completamente diferente: un libro de la Biblia, un devocional, u otro material que incluya la Palabra de Dios. Puede que prefieras escuchar la Biblia en audio, lo cual también funciona muy bien.

Lleva un Diario

Captura los "pensamientos de Dios", o las percepciones que recibas mientras estás en oración, en un diario. No hay una manera correcta o incorrecta de hacer esto. Escribe lo mucho o poco que quieras. A menudo Dios nos da un pensamiento semilla durante nuestro tiempo devocional. Si meditamos en él durante el día, crece y florece en una revelación transformadora de vidas. Mientras Dios te dé Escrituras, impresiones, pensamientos, ideas, y cosas que hacer y recordar, escríbelas en tu diario. Más tarde, tómate un tiempo para leer lo que escribiste.

Como ya mencioné, la última sección de este libro contiene una sección para que lleves tu diario. Para cada día, corresponde un pasaje bíblico para animarte en tu búsqueda por el Señor. El resto de la página está en blanco y el propósito es que tomes notas, en sintonía con la naturaleza abierta en la Experiencia de Adoración de 40 Días. Si prefieres utilizar tu propio diario, eso está perfectamente bien también.

Sé Honesto

No estás intentando impresionar a Dios o demostrarle nada. Simplemente estás volviéndote disponible para Él. No te estreses pensando en "hacerlo bien". No te encierres en expectativas humanas arbitrarias. No dejes que la condenación de "no haber orado lo suficiente" en el pasado te desanime de empezar de nuevo. Lo más importante es que estás ahí para disfrutar de Su presencia, y Él está ahí para disfrutar de la tuya.

Recientemente tuve una conversación con un pintor que estaba haciendo un arreglo en mi casa. Él ha estado en la iglesia por más de dos décadas. Es un excelente esposo y padre. Él y su esposa tienen diez hijos, algunos de los cuales han adoptado. Trabaja tiempo completo en una compañía de pintura todo el día, y luego hace trabajos extra por las tardes o los sábados.

> LO MÁS IMPORTANTE ES QUE ESTÁS AHÍ PARA DISFRUTAR DE SU PRESENCIA, Y ÉL ESTÁ AHÍ PARA DISFRUTAR DE LA TUYA.

De alguna manera la conversación se dirigió a una relación personal con Jesús. Le compartí mi relato sobre mi encuentro con Dios en mi bicicleta y sobre mi comprensión de que Dios ama pasar tiempo conmigo. Era una idea que él nunca había considerado antes. Incluso después de todas sus experiencias como cristiano, el concepto de iniciar su día con una reunión personal, íntima y auténtica con Dios nunca se le había ocurrido. Difícilmente creía en que era posible.

Mientras hablaba, noté que a este hombre sereno y trabajador se le estaban llenando de lágrimas los ojos. Entonces le dije que Dios estaba disponible a cualquier hora que lo necesitara. Le dije que cada mañana, el

Creador del universo estaba esperando a que despertara sólo para pasar tiempo con él. Para este punto, las lágrimas estaban fluyendo libremente. Él no podía esperar a levantarse la siguiente mañana y comenzar el desafío.

Tiempo después, me enteré de que ni siquiera había esperado hasta la mañana siguiente. Esa misma noche, se encontró con el Señor de una nueva forma, y el día siguiente fue igualmente increíble. Mientras me describía su experiencia, comenzó de nuevo a llorar. Dios transformó su mundo por medio de unos cuantos momentos en Su presencia.

La Biblia nos enseña que nuestras vidas están escondidas y seguras en Cristo (Salmo 27:5). Estamos sentados con Él en lugares celestiales (Efesios 2:6). Eso quiere decir que no tenemos que vivir sujetos al miedo y a las preocupaciones que nos han plagado en el pasado. Tenemos un punto de observación para ver nuestras circunstancias desde Su perspectiva. Podemos ver Su mano en acción, Su plan siendo ejecutado, y Su glorioso amor y poder obrando de nuestra parte.

Ya sea que hayas sido un cristiano desde hace dos décadas como mi amigo pintor o que estás justo ahora comenzando a conocer a Dios, puedes descubrir un nivel más profundo de relación con Él. Cada mañana, Dios está esperando pasar tiempo contigo. Cada día, Él tiene buenos planes para ti.

Durante los siguientes cuarenta días, apartarás por lo menos quince minutos cada mañana para encontrarte con Dios en una atmósfera de adoración. Recuerda, sin embargo, que el punto de este desafío no es que te estreses por seguir un formato, una fórmula, o un itinerario. No te enfoques tanto en "hacerlo bien" que te pierdas del punto mismo, el cual es simplemente estar con el Señor al comienzo de tu día.

Amo esta invitación de Jesús para ceder y encontrar descanso en Él: "Vengan a mí todos los que están cansados y llevan cargas pesadas, y yo les daré descanso" (Mateo 11:28). El acrónimo CEDA nos recuerda mantener nuestra atención en la naturaleza pacífica y de descanso de este tiempo de oración espontáneo siguiendo cuatro principios.

C Confíale tu vida al Señor.

Confía en el Señor con todo tu corazón; no dependas de tu propio entendimiento. Busca su voluntad en todo lo que hagas, y él te mostrará cuál camino tomar. (Proverbios 3:5-6).

E Entrega tu voluntad a la Suya.

Por lo tanto, amados hermanos, les ruego que entreguen su cuerpo a Dios por todo lo que él ha hecho a favor de ustedes. Que sea un sacrificio vivo y santo, la clase de sacrificio que a él le agrada. Esa es la verdadera forma de adorarlo. (Romanos 12:1).

D   Disfruta de la presencia de Dios con música de adoración y la Palabra.

Con razón mi corazón está contento y yo me alegro; mi cuerpo descansa seguro. Pues tú no dejarás mi alma entre los muertos ni permitirás que tu santo se pudra en la tumba. Me mostrarás el camino de la vida; me concederás la alegría de tu presencia y el placer de vivir contigo para siempre. (Salmo 16:9-11).

A   Aparta un tiempo cada mañana.

A la mañana siguiente, antes del amanecer, Jesús se levantó y fue a un lugar aislado para orar. (Marcos 1:35).

Cambio Duradero

La Experiencia de Adoración de 40 Días se trata de conocer mejor a Dios. No obstante, eso no quiere decir sólo encontrarse con Él cada mañana por unas cuantas semanas y luego regresar a nuestro antiguo estilo de vida: quiere decir cambiar nuestro paradigma, nuestra filosofía, y nuestro sistema de valores. Significa convertirnos en personas que anhelan conocer más a Dios.

Para conseguir este tipo de cambio duradero, necesitamos de tres ingredientes: verdad, responsabilidad, y apoyo. Démosles un vistazo.

Primero, necesitamos *verdad*. Juan 8:32 dice, "y conocerán la verdad, y la verdad los hará libres". La Palabra de Dios es verdad. Mientras leas la Palabra durante los siguientes cuarenta días, pídele al Espíritu Santo que le hable a tu vida, que cambie tu mente, y que transforme tu corazón. Queremos que la Palabra evolucione de información a revelación a aplicación.

Segundo, necesitamos *responsabilidad.* Es sencillo comenzar las cosas, pero a menudo es complicado terminarlas. Puedes verlo en los gimnasios cada año en enero. Están llenos con gente que quiere volverse saludable, pero para febrero los números han bajado de nuevo. Es por ello que un pequeño grupo haciendo juntos la Experiencia de Adoración de 40 Días te ayudará a tener éxito. Si no formas parte de un pequeño grupo, pídele a un amigo que lo haga contigo. Encuentra a alguien a quien rendir cuentas. Juntos, se ayudarán el uno al otro a resistir la tentación del diablo y de la carne de abandonar el desafío. Eclesiastés 4:9 lo explica así: "Es mejor ser dos que uno, porque ambos pueden ayudarse mutuamente a lograr el éxito". Un poco de responsabilidad te proporcionará la fuerza que necesitas para atravesar los momentos desafiantes e, incluso, desalentadores. ¡Juntos somos más fuertes!

Tercero, necesitamos *apoyo.* Mantente abierto a recibir apoyo a lo largo del camino, y también sé la fuente de apoyo para otros. Tengo un amigo cuyo tiempo devocional es temprano en la mañana, como el mío. Él me manda mensajes cada día diciendo, "¡buenos días!" y yo le contesto con el mismo saludo. Es nuestra manera de hacerle al otro saber que un amigo está ahí cada mañana levantándose igual de temprano para reunirse con el Señor.

Ideas Clave

Como he tenido la oportunidad de compartir los principios de este libro con diferentes individuos y grupos, me he dado cuenta de que ciertas ideas han resonado con las personas. Estos se mencionan y explican a lo largo del libro, pero los resumiré aquí.

1. *La definición del tiempo devocional es estar a solas con Dios.*

¡Esta es la explicación más simple imaginable! Sólo enfócate en pasar más tiempo con Dios cada mañana. Sé intencional y determinado, mas no te presiones con "hacerlo bien". Tu tiempo con Dios no se trata de darle una pasada a una lista de oraciones o a un plan bíblico: se trata de conectar con tu Creador. Ese es el propósito del tiempo devocional.

2. *La Experiencia de Adoración de 40 Días se trata de una intimidad espontánea con tu Creador.*

"Espontánea" quiere decir no forzada, ritualista, o atada al hábito. Intenta algo nuevo. Haz algo distinto. Atrévete a aproximarte a Dios sin mayor expectativa que encontrarte con Él. Permítete relajarte y disfrutar de Su presencia, luego responde a Su guía, y mira a dónde te conduce. Cada día será diferente.

3. *Dios está esperando a que te levantes porque Él está muy emocionado por pasar tiempo contigo.*

No puedo decirte cuán poderoso este pequeño pensamiento es para muchas personas—¡incluyéndome a mí! Necesitamos cambiar nuestra mentalidad respecto a la oración de un "tengo que" a un "quiero". Imagina un padre que está mirando a su hijo mientras duerme. El padre está orgulloso y profundamente enamorado de su hijo o hija, y no puede esperar a que se despierte para que puedan disfrutar de su mutua compañía. Así es como Dios espera por ti cada día.

4. *Ve de la cama a Su presencia.*

Antes de que las ocupaciones y las presiones aparezcan, acércate a Dios. No hay mejor manera de prepararte para el día que estar con tu Creador.

5. *Busca primero a Dios.*

Mateo 6:33 dice, "Busquen el reino de Dios por encima de todo lo demás y lleven una vida justa, y él les dará todo lo que necesiten". Aprende a construir tu día poniendo a

Jesús en el centro de tus afectos y poniéndolo a Él primero. Tenemos el privilegio y la oportunidad de diariamente rendir nuestra voluntad a la Suya y contemplar las asombrosos caminos por los que Dios nos guiará.

Siguientes Pasos

En la siguiente parte de este libro, abarcaremos siete principios para fomentar la intimidad con Dios. Después de cada uno, he incluído algunas preguntas de reflexión para ayudarte a aplicar los principios en tu experiencia del día a día. Como mencioné arriba, puedes leer estos siete pequeños capítulos ahora, antes de que comiences la Experiencia, o puedes leerlos mientras la realizas. Grupos que estén realizando la Experiencia juntos pueden optar por cubrir un capítulo por semana con el fin de conversar sobre los principios juntos.

En la Sección 3 de este libro, encontrarás la *Oración de Entrega* y el *Diario para la Experiencia de Adoración de 40 Días*, dos herramientas que te ayudarán en tu viaje. Te animo a leer la Oración de Entrega cada día junto con el pasaje seleccionado de los Salmos. Escucha suave música de adoración mientras entregas tu voluntad a la voluntad de Dios y recibes Su amor.

A medida que Dios hable a tu corazón, anota los "pensamientos de Dios" en la sección del Diario para que puedas recordar lo que Él está comunicándote. Su pasión es compartir Su corazón contigo mientras pasas tiempo en Su presencia. Deja que Él te comunique Su amor a través de Su Palabra y del Espíritu Santo.

Ahora, quiero animarte a que comiences la Experiencia de Adoración de 40 Días. Que mañana sea el día 1, y ve hacia adelante desde ahí.

Disfruta tu tiempo a solas con Dios. Respira profundo y mantente tranquilo en Su Presencia. No tengas prisa. Deja que estos primeros quince minutos con Dios sean un refugio para ti. Permite que tu mente se desacelere y se acople para ti al ritmo de Su corazón.

Estás ahí para disfrutarlo a Él, ¡y Él está ahí para disfrutarte a ti!

Preguntas de Reflexión

Tómate unos momentos para hacer esta oración, luego responde a las siguientes preguntas.

"Jesús, te pido Tu ayuda para vivir la Experiencia de Adoración de 40 Días. El deseo de mi corazón es buscarte en esta temporada y abrirme a todo lo que Tú quieras revelarme. Sé que Tu amor le dará energía a mi fe y destruirá el miedo. Quiero deleitarme en Ti, Dios Padre, y experimentar el amor que Tú tienes por mí. Estoy emocionado de embarcarme en este desafío que me acercará a Ti de una nueva forma".

1. Conversa sobre los beneficios que esperas experimentar por medio de la Experiencia de Adoración de 40 Días.

2. ¿Qué tiempo y lugar has escogido para encontrarte con el Señor?

3. ¿Es difícil comprometerte a una hora específica cada día? ¿Por qué sí o por qué no? ¿Cuáles son los obstáculos y dificultades que podrías enfrentar durante la Experiencia de Adoración de 40 Días?

LA INTIMIDAD
CON DIOS

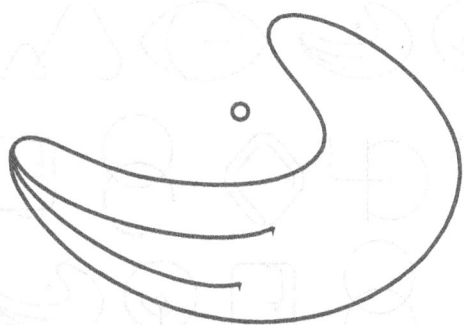

ENTREGA

ENTREGA

**Colócate en las manos de Dios
y entrega tu voluntad a la Suya.**

*Oh, hijo mío, dame tu corazón; que tus ojos se deleiten en
seguir mis caminos. (Proverbios 23:26).*

"Estoy teniendo complicaciones al entregar mi vida a
Dios, pues no estoy segura de que Él pueda hacer tan
buen trabajo dirigiéndola como yo lo hago".

La joven mujer que dijo esto era una estudiante en
mi clase de oración, y ella había alzado la mano para hacer un comentario. No estaba siendo rebelde—estaba
siendo honesta. Se había percatado de que sus propias
emociones y pensamientos conflictivos en su corazón se
debían a su propia falta de confianza en Dios.

Lo que más me llamó la atención de este comentario
fue que sucedió alrededor de la semana diez de la clase.
Habíamos charlado sobre la entrega en la semana uno.
Le había tomado más de dos meses llegar a términos con
los sentimientos en su corazón.

Su lucha no es inusual. Estoy seguro de que todos podemos identificarnos con esto—sé que definitivamente yo sí. No es fácil entregarse a Dios. Parte del problema es que no nos damos cuenta de cuán tercamente independientes somos.

La entrega es nuestro primer acto de adoración, y es la mejor manera de comenzar nuestro tiempo con Dios. Es una demostración de nuestro amor, confianza, relación, y fe hacia Dios.

Pablo escribió en Romanos 12:1, "Así que, hermanos, os ruego por las misericordias de Dios, que presentéis vuestros cuerpos en sacrificio vivo, santo, agradable a Dios, que es vuestro culto racional" (RVR1960). La Nueva Traducción Viviente traduce la última parte, "Esa es la verdadera forma de adorarlo". La entrega no comienza con una acción del cuerpo; más bien, es un acto interno, una decisión de la voluntad, una elección del corazón de ceder nuestra vida a nuestro Creador (Lucas 9:23-24).

> LA ENTREGA ES NUESTRO PRIMER ACTO DE ADORACIÓN, Y ES LA MEJOR MANERA DE COMENZAR NUESTRO TIEMPO CON DIOS.

A través de Su vida, Jesús demostró entrega. En ningún momento esto es más obvio que en el huerto de Getsemaní poco antes de Su muerte. Angustiado, a sabiendas de que pronto iba a ser arrestado y crucificado, Él oró tres veces: "Quiero que se haga tu voluntad, no la mía" (Lucas 22:42). Sabía que tenía que entregar Sus propios deseos para poder ganar nuestra salvación. Fue un momento definitorio en la historia.

Del mismo modo, nosotros tenemos una elección. ¿Cederemos ante Dios y confiaremos en Él para que nos guíe? ¿O iremos por la vida por nuestra cuenta propia, pretendiendo que podemos controlar nuestro destino y circunstancias?

Por los siguientes cuarenta días, te animo a que cedas a Dios aplicando dos principios que encontramos en Mateo 6:33-34: busca primero a Dios, y tómate un día a la vez. Vive con propósito al comenzar cada día con un seguimiento íntimo de Dios, entregándote a Él por completo, luego deja que tu día fluya a partir de ahí. Aprende cómo caminar en el Espíritu momento a momento, cultivando una continua consciencia de la presencia de Dios.

El Hábito de la Entrega

Para entender el valor de la entrega, necesitas practicarlo continuamente. No es suficiente saber sobre el tema o estar de acuerdo intelectualmente. Debes practicarlo. Empieza cada día por, conscientemente, entregar tu voluntad, mente, corazón, y emociones a Dios.

Es un acto simple pero sincero, el cual es repetido diariamente hasta que se convierte en hábito. Antes de que hagas ninguna otra cosa en la mañana, encuentra un lugar tranquilo para sentarte ante el Señor, como hizo

María (Lucas 10). Dile al Señor que te percatas de que tu vida no es tuya, que es inmanejable sin Su ayuda y guía, y que le entregas a Él el control.

Un corazón humilde y contrito es un deleite para el Señor. Al reconocer la señoría de Dios, nos posicionamos para recibir por parte de Él. Aclaramos el camino para un día exitoso de caminar en el Espíritu. La propia voluntad, por otra parte, es un disuasivo para escuchar la voz de Dios y cumplir con Su voluntad.

Una de las más grandes pruebas que enfrentamos es la diaria subyugación de nuestra voluntad a la voluntad de Dios. Una vez que nos hemos dado cuenta de este paso, el resto cae en su sitio. Si no lo entendemos, estaremos continuamente confundidos y frustrados, a falta de paz interior y realización.

La entrega es la única opción lógica cuando nos percatamos de quienes somos y de quien es Dios. No somos dueños de nuestras vidas: fuimos comprados por Jesús, y le pertenecemos a Él. "Ustedes no se pertenecen a sí mismos, porque Dios los compró a un alto precio" (1 Corintios 6:19-20).

Entregarnos auténticamente—lo bueno y lo malo; lo pasado, presente, y futuro—no es sencillo. Con práctica, no obstante, se vuelve más natural. Es por esto que resulta importante desarrollar el hábito de la entrega. Revisa tu corazón diariamente. No permitas a las distracciones provocar que retomes el control retirándoselo a Dios.

La entrega nos trae uno de los más preciosos dones de todos: acceso a la presencia y gracia de Dios. Hebreos 4:16 dice, "Así que acerquémonos con toda confianza al trono de la gracia de nuestro Dios. Allí recibiremos su misericordia y encontraremos la gracia que nos ayudará cuando más la necesitemos".

¿Cómo podemos nosotros, como pecadores, acceder a la presencia de un Dios sagrado? ¿Y eso qué tiene que ver con la entrega?

Dios nos diseñó con un deseo y necesidad de andar en constante cercanía de nuestro Creador del universo. Podemos ver esto con Adán y Eva, quienes experimentaron perfecta intimidad con Dios. En cada área de nuestras vidas, Dios quiere tener acceso e influencia momento a momento.

La aparición del pecado en la humanidad parece desviar este objetivo, pero Dios abrió camino a través de Jesús para que todos lleguemos hasta el Padre. La sangre de Jesús nos permite entrar en la presencia de Dios. Por eso Jesús dijo, "Yo soy el camino, la verdad y la vida; nadie puede ir al Padre si no es por medio de mí" (Juan 14:6). Él hizo un camino parta nosotros. Como podemos leer en Efesios

> EL ACTO DE LA ENTREGA NO CULMINA CON LA SALVACIÓN, SIN EMBARGO—DEBE SER NUESTRO HÁBITO DIARIO.

2:18: "Ahora todos podemos tener acceso al Padre por medio del mismo Espíritu Santo gracias a lo que Cristo hizo por nosotros".

Por medio de su muerte en sacrificio, Jesús se ha convertido en nuestro sumo sacerdote en el Cielo. Ahora podemos tener acceso a Dios de nuevo. Él es nuestro "Abba", nuestro Padre (Gálatas 4:6).

CUANDO NOS ENTREGAMOS A DIOS, GANAMOS MUCHO MÁS DE LO QUE PERDEMOS.

La más grande decisión que podamos jamás tomar es entregar nuestra vida y nuestra voluntad a Dios. Es una parte integral de la salvación. Morimos al pecado y a la auto voluntad, declaramos a Jesús nuestro Señor, y recibimos vida nueva (Romanos 10:9).

El acto de la entrega no culmina con la salvación, sin embargo—debe ser nuestro hábito diario. Jesús le dijo a aquellos que lo seguían, "Si alguno de ustedes quiere ser mi seguidor, tiene que abandonar su manera egoísta de vivir, tomar su cruz cada día y seguirme" (Lucas 9:23). Eso es la entrega.

Cuando nos entregamos a Dios, ganamos mucho más de lo que perdemos. Dios no es un tirano hambriento de poder tratando de controlarnos para Su propio beneficio—Él está de nuestro lado. Es nuestro Padre amoroso. Cuando nos entregamos a Él, Él toma las partes rotas de nuestras vidas y las convierte en una obra maestra (Efesios 2:10). En Sus manos, aún nuestras debilidades y fallas se convierten en victorias.

Durante los próximos cuarenta días, a medida que cedes tu corazón una y otra vez a la voluntad de Dios, encontrarás paz y descanso en el plan que Dios tiene para ti. Esta paz es una combinación de paz *con* Dios, la cual es salvación, y paz *por* Dios, la cual es un corazón en calma (Efesios 2:17).

Tu vida tomará un nuevo significado y dirección. Recibirás una limpieza de todo el caos que ha tratado de acumularse en tu mente y corazón durante años. Comprenderás lo que quiere decir "Deléitate en el Señor" (Salmo 37:4). La palabra hebrea que se traduce en "deleite" en este verso significa "ser suave o plegable" (Strong). Tu corazón se volverá suave y plegable y abierto a la voz del Espíritu Santo, y Dios mezclará Sus pensamientos con los tuyos de una nueva manera. Entregarte a Él a diario dará inicio a que el Espíritu fluya en ti.

Resistencia

La entrega es el primer paso para conectar realmente con Dios, pero puede ser uno de los más difíciles. Como escribió otro de mis estudiantes en una tarea de clase: "La parte más complicada de este desafío fue entregarle todo al Señor voluntariamente: todas las cosas en mi mente, mis problemas y circunstancias, mis miedos y ansiedades".

Hay muchos motivos por los cuales podríamos estar

resistiendo entregarnos a Dios. Primero, *nuestra carne— nuestra naturaleza entera—se resiste a la entrega*. Es por esto que a menudo nos topamos con nuestra mente súbitamente llena de razones por la cuales no deberíamos levantarnos en la mañana a reunirnos con Dios. La parte carnal del humano es enormemente egocéntrica y está en oposición directa con una vida entregada. ¡He escuchado que el problema con un sacrificio vivo es que tiende a bajarse del altar! No obstante, el camino hacia una auténtica vida es renunciar a la nuestra.

Un segundo motivo por el cual podríamos resistir a la entrega es porque *no nos damos cuenta de cuánto Dios nos ama*. Luchamos con la idea de nuestro potencial de ser amados, así que nos cerramos a Aquel que realmente nos ama.

Quizás en el pasado hemos tenido imperfectos modelos a seguir en el amor. Tal vez fuimos abusados, tratados bruscamente, o simplemente no atendidos. Tal vez estamos amargados hacia aquellos que nos criaron. Todas estas experiencias afectan cómo percibimos el amor de Dios hacia nosotros. Debemos permitir que Su amor purifique nuestras mentes y emociones de pasadas heridas. Necesitamos comenzar a comprender la asombrosa naturaleza de Su amor incondicional, eterno, e incluyente.

Dios es amor (1 Juan 4:8). Esa es la base sobre la cual construimos. Cuando éramos todavía pecadores, Cristo vino y murió por nosotros (Romanos 5:6). Todo lo que hemos hecho ha sido expiado por la muerte, entierro, y resurrección de Jesús. Somos objetos del amor de Dios. Dios no nos creó sólo para que lo amemos—Él nos creó, antes que nada, para ser amados por Él. Nos ama exactamente como nos encontremos.

Una tercera razón por la que podríamos resistirnos a la entrega es porque *tenemos miedo a ser heridos o decepcionados.* Nuestro miedo nos provoca cerrar nuestro corazón. De nuevo, esto puede hallar sus raíces en experiencias pasadas. Confiamos una vez en alguien y fuimos lastimados por esa persona a quien le entregamos nuestro corazón, y ahora sospechamos de cualquier cosa que se vea demasiado buena para ser verdad.

Es tiempo de bajar la guardia, de poner a un lado las sospechas, y confiar de nuevo. Dios no nos decepcionará. Él no nos dejará, abandonará, abusará, ni manipulará.

Una cuarta fuente de resistencia es *la culpa.* Dudamos de acercarnos a Dios porque Su santidad subraya nuestros pecados. Esto le sucedió a Adán y Eva en el Edén después de que pecaron. Cuando se dieron cuenta de que estaban desnudos, les dio miedo y se escondieron de Dios (Génesis 3:7-10).

La respuesta no es ser más santo. Es recibir la gracia que encontramos en Jesús. Como establecí antes, Jesús ya creó un camino para que nos aproximemos al Padre—no por nuestro propio mérito, sino a través de Él. Acércate a Dios con confianza, y entrégate a Él sin miedo de que te castigue por tus pasados errores. Él está esperando compasivamente con los brazos abiertos.

Sin importar el origen que pueda tener tu resistencia,

NO TE CONFORMES CON LA MISMA RELACIÓN CON DIOS QUE HAS TENIDO POR AÑOS.

ya sea consciente o inconsciente, es tiempo de dejarla ir. Quizás has sentido que estás atrapado en la rutina de tu caminar con Dios. Creo que estás leyendo esto por un propósito. Tu corazón se ha movilizado para ir más profundamente hacia Dios porque Él está a punto de hacer algo nuevo en ti. Debes creer que las cosas viejas han perecido y cosas nuevas se acercan (2 Corintios 5:17). Dios tiene mucho más para ti, y tú has estado presintiendo eso en tu corazón.

Este no es un momento para retroceder en tu búsqueda de Dios—este es un momento para avanzar con más fuerza. Lee Jeremías 29:11-12. Dios te promete un futuro maravilloso, pero debes entregarte a Sus planes y a Su futuro para ti.

No te conformes con la misma relación con Dios que has tenido por años. Es tiempo de aceptar el desafío y hacer algo distinto—no por deber u obligación, sino por pasión por encontrar a Dios de una nueva manera y acercarte más a Él.

Siempre hay más en Dios. ¡Su amor y bondad son infinitos! Como Pablo dice en Efesios 3:18, "Espero que puedan comprender, como corresponde a todo el pueblo de Dios, cuán ancho, cuán largo, cuán alto y cuán profundo es su amor".

Haz como el Rey David en Salmo 42:1—ten sed

de Dios como el venado que busca el arroyo de agua. Permite que tu sed sea para Él y solamente Él. No dejes que nada se interponga entre tú y Su amor.

Te reto a que lo intentes. Cada mañana durante estos cuarenta días, entrega tu voluntad a la Suya, y ve lo que Dios hace. Yo lo hice, ¡y cambió mi vida para siempre! ¿Qué tienes que perder? Tal vez un poco de tiempo dormido, pero es un pequeño precio comparado con todo lo que Jesús está a punto de hacer en tu vida.

Una última cosa. Escribí una oración de entrega durante mi proceso de encontrarme con el Señor por las mañanas, y la he incluido aquí (ver páginas 173-177). Con los años, le he agregado cosas en la medida en que he sido impulsado por el Espíritu Santo. Hay muchas referencias a las Escrituras que puedes buscar si te gustaría ver el pasaje en que la oración está basada. Me encanta orar con esta oración diariamente mientras comienzo mi tiempo con el Señor. La he incluido como un punto de partida para tu tiempo de oración, si es que te gustaría usarla. Tal vez hasta quieras añadirle algo o dejar que te inspire a escribir la tuya propia. ¡Depende completamente de ti!

ENTREGA

Resumen del Capítulo

Entregarse a Dios puede ser el mayor reto de todos, pero es la clave que nos abre al destino que Dios tiene para nosotros. Ceder nuestra voluntad a la voluntad perfecta de Dios requiere de una decisión personal. Soltamos el control de todo lo que somos y todo lo que seremos a aquel que nos posee, nuestro Señor Jesucristo. Él se convierte en el centro de nuestras vidas. Él se convierte en nuestro Señor. Lo colocamos en el trono de nuestro corazón, por tanto destronamos al mayor enemigo que enfrentamos: nuestra voluntad propia.

Entregarse es la clave para caminar con Dios. No es sólo algo que haces para obtener la salvación. Es una decisión momento a momento, un hábito. Puede que lo encuentres retador al comienzo, pero con el tiempo verás cómo es liberado el poder de Dios mientras cedes tu vida.

Me recuerda al joven rico de Marcos 10:17-22. Jesús

le dijo que vendiera todo lo que poseía y lo siguiera. El joven estaba triste porque él poseía mucho y el sacrificio parecía demasiado grande. Ese día, su voluntad se interpuso en el camino de su destino.

Los discípulos se enfrentaron a la misma decisión cuando Jesús les dijo, "Síganme". Ellos dejaron todo y lo siguieron, y ese fue el primer paso hacia una relación de por vida con Jesús.

Imagínate una puerta con tu destino detrás de ella. Tú sostienes la llave para abrir esa puerta; es la entrega.

Preguntas de Reflexión

Tómate unos momentos para hacer esta oración, luego responde a las siguientes preguntas.

"Jesús, entrego mi voluntad a la Tuya en este momento. Perdóname por las veces en que he seguido mi voluntad propia y he tercamente tratado de hacer las cosas a mí manera. Veo la importancia de ceder ante Tu voluntad y recibir Tu gracia para guiar mi vida. Mi vida no me pertenece más, y Tú eres el Señor de mi vida. Por favor guíame a través del Espíritu Santo y ayúdame a ser sensible hoy ante Tu corazón".

1. ¿Te está costando trabajo entregar tu voluntad a Dios? ¿Por qué sí o por qué no? ¿Ves la entrega como un concepto positivo o negativo?

2.   Lee Romanos 12:1 en voz alta. ¿Qué significa para ti
     este versículo?

   *Por lo tanto, amados hermanos, les ruego que entre-
   guen su cuerpo a Dios por todo lo que él ha hecho a
   favor de ustedes. Que sea un sacrificio vivo y santo,
   la clase de sacrificio que a él le agrada. Esa es la verdadera forma de adorarlo. (Romanos 12:1 NTV)*

3.   Lee 1 Corintios 6:19-20. ¿Qué significa para ti la
     frase "Ustedes no se pertenecen a sí mismos"?

   *¿No se dan cuenta de que su cuerpo es el templo del
   Espíritu Santo, quien vive en ustedes y les fue dado por
   Dios? Ustedes no se pertenecen a sí mismos, porque
   Dios los compró a un alto precio. Por lo tanto, honren
   a Dios con su cuerpo. (1 Corintios 6:19-20)*

4.   Lee Lucas 9:23-24. ¿De qué manera las palabras de
     Jesús se relacionan con la entrega?

   *Entonces dijo a la multitud: «Si alguno de ustedes
   quiere ser mi seguidor, tiene que abandonar su propia
   manera de vivir, tomar su cruz cada día y seguirme. Si
   tratas de aferrarte a la vida, la perderás, pero si entregas tu vida por mi causa, la salvarás». (Lucas 9:23-24)*

Tus Mañanas Hasta Ahora

1. ¿Cuáles han sido algunos de los retos a los que te has enfrentado durante la Experiencia de Adoración de 40 Días?

2. ¿Qué está sucediendo en tu corazón, y qué está diciéndote Dios?

3. ¿Qué cambios ves ocurriendo en tu vida?

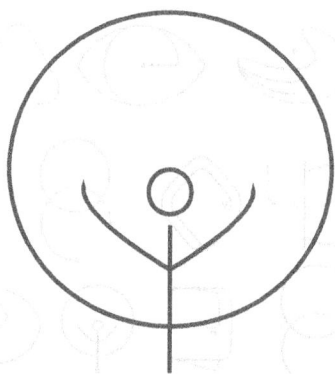

CELEBRA

CELEBRA

**Escucha música de adoración
y disfruta de quien Dios es y lo que Él ha hecho.**

*Levántate, oh Señor, en tu poder; con música y cánticos
celebramos tus poderosos actos (Salmo 21:13).*

La adoración es un asunto del corazón que comienza con
entregar nuestra voluntad, como ya desarrollé en las páginas anteriores. Pero en su forma más expresiva, la adoración es una celebración vocal y musical de quien Dios es
y de lo que Él ha hecho (Salmo 150). Efesios 5:18-19 dice,
"No se emborrachen con vino, porque eso les arruinará la
vida. En cambio, sean llenos del Espíritu Santo cantando
salmos e himnos y canciones espirituales entre ustedes, y
haciendo música al Señor en el corazón".

Hechos para Adorar

Dios nos ha creado para adorarlo con alegría y admi-
ración. Podemos elegir expresar nuestros sentimientos

hacia Él con honestas palabras y música. Incluso las personas que se consideran como no musicales disfrutan de diferentes formas de música. De alguna manera, la belleza y poesía de las notas, ritmo, y letra nos permite expresar sentimientos que resulta difícil poner en palabras.

Celebrar Su amor y bondad cada mañana revolucionará nuestra relación con Él. Si deseamos desarrollar una continua consciencia de Su presencia, la alabanza y música son cruciales.

Una joven mujer quien recientemente realizó la Experiencia de Adoración de 40 Días me dijo, "definitivamente yo conecto mejor con una alabanza simple hacia Él. Amo la alabanza porque trae una irresistible sensación de entrega. Declara que Él es Dios y yo no".

CUANDO ENTENDEMOS LA MARAVILLOSA GRACIA QUE DIOS NOS OFRECE POR MEDIO DE JESÚS, NUESTRA RESPUESTA ES LA ALEGRÍA, GRATITUD, Y SINCERA CELEBRACIÓN.

Todos adoramos algo. Puede ser Dios, nuestra pareja, la felicidad, una carrera, o cualquier cosa que tome el primer lugar en tu vida. El objeto de nuestra adoración afecta profundamente la dirección de nuestra vida por dos motivos. Primero, ya que la adoración dirige la atención de nuestro corazón y pensamientos, aquello que adoramos nos controla. Segundo, tendemos a ser como la cosa o persona que adoramos. Naturalmente, empatamos nuestro estilo de vida, valores, y decisiones con lo que sea que idolatremos.

Cuando ponemos primero a Dios a través de la entrega diaria de nuestra voluntad (Mateo 6:33), volvemos a Dios el centro de nuestra adoración. Él se convierte en la principal influencia en nuestras vidas. Su identidad se imprime en la nuestra, y Sus deseos nos guían y moldean. Como dice la Biblia, nos vemos transformados a Su imagen. "Así que, todos nosotros, a quienes nos ha sido quitado el velo, podemos ver y reflejar la gloria del Señor. El Señor, quien es el Espíritu, nos hace más y más parecidos a él a medida que somos transformados a su gloriosa imagen" (2 Corintios 3:18).

La intimidad comienza con un encuentro cara a cara. Cuando nos encontramos con Él por medio de la adoración, cambiamos a medida que Su luz y amor brillan en nosotros (Efesios 1:18). Transformarse es un subproducto de pasar tiempo en Su presencia.

Una Razón para Celebrar

En estos momentos con Dios, celebramos quien Él es. Nos regocijamos en todo lo que Él ha hecho, todo lo que está haciendo, y todo lo que hará por nosotros. Celebrando las cosas buenas que hemos recibido con la acción de gracias es la mejor manera que yo he encontrado de vencer las emociones y pensamientos negativos.

El mayor regalo que Dios nos ha dado es la salvación (Efesios 2:4-10). Cuando entendemos la maravillosa gracia que Dios nos ofrece por medio de Jesús, nuestra respuesta es la alegría, gratitud, y sincera celebración.

Dios nos creó para estar en Su presencia, para disfrutar de seguirlo e intimar con Él. Cuando el pecado entró en la raza humana, nos trajo una separación instantánea de Dios. Dios es sagrado, y el pecado no puede permanecer en Su presencia.

> TENEMOS MUCHAS RAZONES PARA CELEBRAR, PERO LA MÁS GRANDE DE TODAS ES EL REGALO DE DIOS DEL PERDÓN Y LA RELACIÓN RESTABLECIDA CON ÉL.

Aun así, Dios amaba al mundo tanto que no pudo dejar las cosas de ese modo. Nos proveyó de una manera para que podemos retornar a Él por medio de Jesús. Jesús vivió una vida perfecta, por lo que Él no merecía la muerte. Sin embargo, murió por nosotros, y luego conquistó a la muerte al resurgir de entre los muertos.

En la época de la vida y muerte de Jesús, había un grueso telón o cortina en el templo de Jerusalén que separaba el Lugar Santísimo (donde moraba la presencia de Dios) del resto del templo. Este velo representaba la separación entre Dios y el hombre. Debido al pecado, el hombre no tenía acceso libre a Dios.

Cuando Jesús expiró su último aliento en la cruz, la tierra tembló violentamente, y el velo del Templo se

partió en dos (Mateo 27:51). Fue rasgado sobrenatural-
mente de arriba a abajo, significando que Dios estaba
abriendo un camino para que la humanidad tuviera una
relación con Él.

Justo como el velo del templo, la separación espiritual entre Dios y la humanidad fue deshecha por medio
de la sangre de Jesús. El realizó la expiación, o el pago,
de una vez y para siempre por todos nuestros pecados.
Efesios 2:18 dice, "Ahora todos podemos tener acceso al
Padre por medio del mismo Espíritu Santo gracias a lo
que Cristo hizo por nosotros". La muerte y resurrección
de Jesús hicieron una vía para que nosotros regresemos
a relacionarnos de manera íntima y constante con nuestro Creador.

Tenemos muchas razones para celebrar, pero la más
grande de todas es el regalo de Dios del perdón y la relación restablecida con Él. Durante la Experiencia de
Adoración de 40 Días, te animo a que reflexiones sobre
este regalo de gracia y a que celebres tu libertad de disfrutar de Su presencia (2 Corintios 3:17).

Tú, el Adorador

No soy nada musical. Hace años, tomé unas cuantas lecciones de guitarra. Después de varias semanas dolorosas,
el maestro de guitarra dijo, "Dios te ha dado dones, pero
pienso que tocar un instrumento musical no es uno de
ellos". Eso era cierto, ¡pero difícil de escuchar!

Amo la música, en especial adorar al Señor con música. Sin embargo, no tienes que ser un adorador musical. Por medio de la tecnología moderna, todos tenemos acceso a la más grande colección de música de alabanza y adoración jamás amasada.

Algunas personas pueden crear música hermosa por sí mismos, y otros pueden usar música hermosa producida por otros para ayudarles a crear, a su vez, música para el Señor en sus corazones. De cualquier forma, la música es clave para adorar y celebrar todo lo que Jesús ha hecho y hará.

No soy una persona muy hábil con la tecnología, por lo que cuando recién comencé esta travesía, le pedí a un amigo que me ayudara a configurar la música en mi iPod. Me encantaba—cada mañana, en cuestión de segundos, música de adoración inundaba mis oídos, y me encontraba a mí mismo, una vez más, ante la presencia de Dios. El aparato electrónico que uso ha cambiado con los años, pero una cosa permanece igual: la hermosa e íntima sensación de la presencia de Dios a medida que permito a la música establecer la atmósfera.

El punto de la Experiencia de Adoración de 40 Días es pasar tiempo con Dios, no impresionarlo con nuestra habilidad musical. La música de alabanza o de adoración es simplemente una puerta de entrada a Su presencia. Utilízala como te sea más conveniente. De hecho, incluso si sabes tocar un instrumento, puede que encuentres menos distractor hacerlo a un lado durante estos momentos devocionales matutinos y poner música de adoración. Eso te liberará las manos para escribir en tu diario.

Para poder adorar diariamente, necesitas tener un plan. Muchos nos despertamos algo dispersos por las mañanas—incluso hasta deprimidos, ansiosos, o desanimados. Las preocupaciones del día están esperándonos en cuanto abrimos lo ojos, y nuestra tendencia natural es escondernos de ellas o intentar solucionarlas por nuestros propios medios. La oración—en especial aquella que celebra a Jesús a través de la adoración—es a menudo la última cosa en nuestra mente.

Es aquí donde la preparación juega un papel. Ten un lugar previamente alistado al cual vas a ir para buscar a Dios cada mañana. Mantén tu Biblia, música de adoración, diario, y pluma juntos y a la mano. La idea es salir de la cama para ir directamente a Su presencia. Ya sea que te sientas con "ganas de adorar" o no, pon la música. Permite que la música te guíe a medida que entregas tu voluntad a la Suya. Dirige tu mente hacia Dios, entregándoles tus cuidados y preocupaciones (1 Pedro 5:7). Deja que tu corazón comience a cantar las canciones que están sonando y ábrete al corazón de Dios. Celebra a Jesús con las letras de las canciones.

Dependiendo de dónde estés, puede que quieras cantar junto con la música. También puedes inventar tus propia letra—en esencia, cantar tu alabanza. O, puede que permanezcas en silencio; permitiendo que las palabras te ministren. A menudo, una frase específica sobresaldrá, y te enfocarás en ella por algún tiempo, meditando en la verdad que encierra, mientras la música continúa sonando. Otras veces el Espíritu Santo le dirá algo a tu corazón que no está relacionado en lo absoluto con la música. Mantente preparado para escribir lo que Él te diga en tu diario.

> SIN IMPORTAR QUÉ FORMA TOME TU TIEMPO DE ADORACIÓN, TE DARÁS CUENTA DE QUE LA ATMÓSFERA DE LA MÚSICA DE ADORACIÓN PREPARA A TU CORAZÓN PARA RECIBIR POR PARTE DE DIOS.

Sin importar qué forma tome tu tiempo de adoración, te darás cuenta de que la atmósfera de la música de adoración prepara a tu corazón para recibir por parte de Dios. El salmista escribe, "Entren por sus puertas con acción de gracias; vayan a sus atrios con alabanza. Denle gracias y alaben su nombre" (Salmo 100:4).

La dinámica de adoración por medio de la música es una de las mejores maneras de experimentar la presencia del Espíritu Santo. Efesios 5:18 habla de llenarse con el Espíritu. La idea aquí es una continua presencia del Espíritu como una fuente que fluye. Es una constante liberación del Espíritu de Dios en nosotros.

Esto seguido es llamado el fluir del Espíritu, y hasta que lo hayas experimentado, es difícil de describir. Es una gentil interacción entre el Espíritu Santo y nuestro corazón. Es una consciencia de que Dios está justo ahí, activamente hablándonos y pasando tiempo con nosotros. Es una experiencia con Él.

El fluir es Su presencia en nuestra vida, y este ocurre con nuestro permiso. Jesús dijo, "De su corazón, brotarán ríos de agua viva" (Juan 7:38). Experimentamos la vida de Dios fluyendo a través de nosotros a medida que nos acercamos a Él con un corazón de entrega.

Cuando comenzamos a fluir en el Espíritu, la oración se vuelve completamente natural. No tenemos que forzar ni fabricar nada. Nos encontramos en Su presencia, deleitándonos en Él, alternadamente hablando y escuchando, cantando y sentándonos en silencio.

Estar lleno del Espíritu es más que una experiencia emocional. Es el catalizador para el cambio. Efesios 5:19, el cual ya leímos antes, se refiera a hacer música para el Señor en nuestros corazones. El corazón es el centro de nuestros pensamientos, emociones, decisiones, actitudes, y creencias. Es el fértil lugar dentro de nosotros donde la Palabra de Dios echa raíces y crece (Lucas 8:11-15).

> ESTAR LLENO DEL ESPÍRITU ES MÁS QUE UNA EXPERIENCIA EMOCIONAL. ES EL CATALIZADOR PARA EL CAMBIO.

Romanos 12:2 dice, "Dejen que Dios los transforme en personas nuevas al cambiarles la manera de pensar". Meditar en adoración en la multifacética bondad de Dios restaura nuestros pensamientos y emociones. Es como reiniciar nuestra mente.

El fluir o el estar lleno del Espíritu Santo en nuestro tiempo devocional se derramará hacia cada área. A lo largo del día, se volverá más fácil escuchar la voz del Espíritu, tomar decisiones más sabias, resistir a la tentación, ver como Jesús hubiera visto, caminar en los frutos del Espíritu (Gálatas 5:22-23), y funcionar en los dones del Espíritu (Romanos 12:6-8).

Concéntrate

Colosenses 3:1 dice, "pongan la mira en las verdades del cielo". Esto re refiere a la concentración: fijar nuestra atención, valores, y pasión en el Señor. Es el cumplimiento de Mateo 6:33 (buscar primero el Reino de Dios) al comienzo de cada día.

El objetivo es empezar nuestro día con Dios al centro de nuestros afectos. La siguiente es una descripción de puntos en el proceso de crecer en intimidad con Dios.

1. Fija tu mirada.

    Esto lo hacemos al fijar la mirada en Jesús, el campeón que inicia y perfecciona nuestra fe (Hebreos 12:2).

2. Abre tu corazón.

    ¡Mira! Yo estoy a la puerta y llamo. Si oyes mi voz y abres la puerta, yo entraré y cenaremos juntos como amigos (Apocalipsis 3:20).

3.   Conéctate con Su espíritu.

Pero fue a nosotros a quienes Dios reveló esas cosas por medio de su Espíritu. Pues su Espíritu investiga todo a fondo y nos muestra los secretos profundos de Dios (1 Corintios 2:10).

4.   Recibe Su presencia.

Así que acerquémonos con toda confianza al trono de la gracia de nuestro Dios. Allí recibiremos su misericordia y encontraremos la gracia que nos ayudará cuando más la necesitemos (Hebreos 4:16).

5.   Déjate fluir.

¡Todo el que crea en mí puede venir y beber! Pues las Escrituras declaran: "De su corazón, brotarán ríos de agua viva" (Juan 7:38).

Fija Tu Mirada

Comienza por concentrarte en Jesús mientras escuchas música de adoración. Hebreos 12:2 habla de "fijar la mirada en Jesús, el campeón que inicia y perfecciona nuestra fe". La palabra griega para "fijar" significa "considerar atentamente"; proviene de "mirar fijamente" (Strong). Enfoca atentamente tus ojos en Jesús. No te desalientes si tu mente divaga por momentos—sólo re-enfoca. Él está siempre viéndote, por supuesto. Ahora simplemente estás regresándole la mirada, cara a cara

(Éxodo 33:11). Es la mejor manera posible de comenzar el día.

Abre Tu Corazón

La adoración es una mezcla de entrega y pasión. A medida que la música suene, abre tu corazón al Señor. Apocalipsis 3:20 dice, "¡Mira! Yo estoy a la puerta y llamo. Si oyes mi voz y abres la puerta, yo entraré y cenaremos juntos como amigos". Visualízate yendo hacia la puerta y abriéndola al Señor y Su amor por ti. María se sentó a los pies de Jesús y escuchó, como deberíamos hacer nosotros (Lucas 10:39). Dios quiere hacer Su hogar en nuestro corazón (Efesios 3:17).

Conéctate con Su Espíritu

Dios quiere conectar Su Espíritu a tu corazón. Esto se consigue en momentos íntimos de entrega e intercambio divino. Estos instantes no pueden describirse en términos humanos puesto que son la interacción del Espíritu de Dios en nuestro corazón.

No retrocedas debido a las dudas, miedos, e inseguridades. Si comienzas a sentir cualquier tipo de nuevos sentimientos y emociones, no exageres. Mantente concentrado en Jesús, Su amor por ti, y tu amor por Él.

Recibe Su Presencia

Dios está siempre presente. Pero hay un nivel más profundo de Su presencia que ocurre cuando nuestro ser más interno se encuentra con el Espíritu del Dios viviente. Esto es más que una emoción, aunque es casi un hecho que involucrará nuestras emociones. Es la real, tangible, y poderosa presencia de Dios.

En la sociedad, las personas promedio tienen poco o ningún acceso a las autoridades de alto rango en el gobierno. Cualquier acceso está controlado muy de cerca y debe de seguir estrictos protocolos. No es así con nuestro gobernante celestial, Dios. Hebreos 4:16 nos dice que podemos acercarnos con toda confianza a Dios cuando sea que queramos, y podemos pedirle lo que sea que necesitemos.

Consciente e intencionalmente recuérdate a ti mismo de Su presencia. Abre tu corazón y permítete experimentar Su presencia. Cree en que Él te ama, que Él se deleita en estar contigo, y que Él quiere verte feliz y realizado. Dios no es sólo el creador de la tierra: Él es tu creador, y Él se sobrepasa de felicidad al pasar tiempo contigo.

Déjate Fluir

A partir de aquí, se trata de fluir. Puede que transiciones hacia la oración (ya sea de petición o de intercesión), o puede que sólo te mantengas escuchando. Mientras que la música continúe sonando, mantente abierto al flujo del Espíritu Santo y lo que Dios está indicando. Sabrás cuando empiece este flujo del Espíritu de Dios. Es la vida misma de Dios moviéndose a través de ti, trayendo su divino intercambio: Su fuerza por tu debilidad (Isaías 40:31).

Si hay algo estorbándole al flujo del Espíritu Santo, el Señor hablará a tu corazón. Él quiere que tú lo sigas, pero el pecado obstaculiza esa relación. Si estás escuchando Su voz, Él encontrará cualquier mala acción o pecado escondido, y revelará cualquier otro impedimento para la relación.

Si esto ocurre, simplemente responde a lo que estás sintiendo. Pide Su perdón y recibe Su amor. Deja que la gracia que necesitas fluya hacia tu corazón. Tendrás las manos limpias y un corazón pulcro para recibir Su presencia (Salmo 24:3-6).

Responde en tiempo real a la guía del Espíritu Santo. Si una canción particular te dice mucho, repítela un par de veces. Si eres guiado a leer tu Biblia, o un determinado libro devocional, o tal vez a escribir en tu diario, entonces hazlo.

Dios quiere que experimentemos la increíble hondura de Su amor. Como dice David, "Prueben y vean que el Señor es bueno" (Salmo 34:8). En Dios vemos satisfechas nuestras necesidades humanas de libertad, amor, aceptación, paz, alegría, y propósito. La Biblia lo resume de este modo: "Pues en él vivimos, nos movemos y existimos" (Hechos 17:28).

Si has sido alguien que ha recibido la bondad de Dios—como todos—tómate el tiempo para expresar tu gratitud adorando. Dios responderá a tu celebración de Él. Como dice Santiago 4:8, "Acérquense a Dios, y Dios se acercará a ustedes".

Inicia cada uno de los siguientes cuarenta días en espontánea intimidad a través de ceder tu voluntad a Su perfecta voluntad, escuchando música de adoración, y celebrando lo que Jesús ha hecho por ti.

¡Su bondad es digna de celebrarse!

CELEBRA

Resumen del Capítulo

La parte más emocionante de la Experiencia de Adoración de 40 Días es pasar tiempo a solas en la mañana con el Señor. Mientras ponemos nuestra atención en Él y abrimos nuestro corazón a Su amor, el Espíritu Santo comienza a interactuar con nuestra mente, voluntad, y emociones. La atmósfera de adoración deja entrar Su presencia y permite que el Espíritu de Dios inicie un nuevo flujo de comunicación con nosotros.

Dios ha comenzado una relación con nosotros al enviarnos a Su hijo a morir por nosotros. Ahora tenemos compañía con un Dios amoroso. Enfoca tu adoración en disfrutar la presencia de Dios mientras que Él disfruta de tu presencia. Piensa más en Él que en ti mismo. Agradécele por Su gracia y justicia más que perder tiempo y energía en condenaciones. Recuerda, has sido liberado de la condenación por medio de Jesús (Romanos 8:1), y ahora puedes hablar directa y continuamente con tu Creador, justo como Dios siempre quiso.

Cuando vayas a dormir cada noche, recuerda que Dios está aguardando a que despiertes. No puede esperar a pasar tiempo contigo. Para mí la anticipación por la mañana empieza la noche anterior porque yo sé que este tiempo está reservado sólo para Dios.

Preguntas de Reflexión

Tómate unos momentos para hacer esta oración, luego responde a las siguientes preguntas.

"Este es un día que Tú has hecho, ¡y en el cual yo me contentaré y alegraré! Hoy estoy emocionado por celebrar quien eres y todo lo que has hecho por mí. Estoy agradecido por mi salvación a través de Jesús, y quiero expresarte mi corazón en alabanza y agradecimiento. Disfruto estar contigo, experimentando Tu bondad y cariño. Eres el centro de mi afecto, y mis pensamientos están fijos en Ti. Mi corazón se encuentra lleno hoy. Elevaré una canción para Ti en celebración de Tu majestad".

1.   ¿Qué efecto tiene la música de adoración en tu corazón a medida que pasas tiempo con Dios?

2. Lee Hebreos 4:16 en voz alta. ¿Qué significa para ti este versículo?

    Así que acerquémonos con toda confianza al trono de la gracia de nuestro Dios. Allí recibiremos su misericordia y encontraremos la gracia que nos ayudará cuando más la necesitemos. (Hebreos 4:16)

3. ¿Es difícil para ti recibir el amor de Dios? ¿Qué te obstaculiza de acercarte con confianza al Señor? ¿Aún te sientes con culpa? ¿Por qué sí o por qué no?

4. Lee Efesios 2:18 y 2 Corintios 3:16-18. ¿Qué te dicen estos versículos acerca del acceso que tienes a la presencia de Dios?

    Ahora todos podemos tener acceso al Padre por medio del mismo Espíritu Santo gracias a lo que Cristo hizo por nosotros. (Efesios 2:18)

    En cambio, cuando alguien se vuelve al Señor, el velo es quitado. Pues el Señor es el Espíritu, y donde está el Espíritu del Señor, allí hay libertad. Así que, todos nosotros, a quienes nos ha sido quitado el velo, podemos ver y reflejar la gloria del Señor. El Señor, quien es el Espíritu, nos hace más y más parecidos a él a medida que somos transformados a su gloriosa imagen. (2 Corintios 3:16-18)

Tus Mañanas Hasta Ahora

1. ¿Cuáles han sido algunos de los retos a los que te has enfrentado durante la Experiencia de Adoración de 40 Días?

2. ¿Qué está sucediendo en tu corazón, y qué está diciéndote Dios?

3. ¿Qué cambios ves ocurriendo en tu vida?

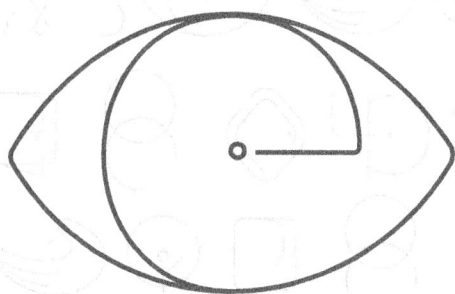

MEDITA

MEDITA

Reflexiona sobre las Escrituras y permite que el Espíritu Santo las aplique en tu vida.

Que las palabras de mi boca y la meditación de mi corazón sean de tu agrado, oh Señor, mi roca y mi redentor (Salmo 19:14).

"Fue tan increíble levantarme cada mañana y darme tiempo para poner primero a Dios, para pensar sobre Él; lo increíble y maravilloso que Él es. Esos momentos tuvieron un enorme impacto en el resto de mis días. Mis días estuvieron llenos de una nueva sensación de paz y de Su presencia, sin importar lo que hiciera".

De esta forma es como una joven mujer llamada Ana resumía su vivencia de la Experiencia de Adoración de 40 Días. Ella descubrió la importancia de fijar sus pensamientos en Dios, más que en permitirse a sí misma distraerse y consternarse con las influencias a su alrededor.

Cada minuto de cada día, una intensa batalla se desenvuelve a nuestro alrededor. Es una batalla invisible y

> **LA CLAVE PARA MANTENER PENSAMIENTOS CORRECTOS ES PERMITIR A LA PALABRA DE DIOS TRANSFORMARTE POR MEDIO DE RENOVAR TU MENTE.**

espiritual entre el bien y el mal (Efesios 2:2-3). Esta batalla es sobre las mentes. La guerra se libra continuamente por el control de nuestros pensamientos en distintos frentes.

Somos participantes activos en la batalla, no sólo espectadores. Abraham, Moisés, David, y Jesús y Sus discípulos se enfrentaron con esta lucha, y por medio de la gracia de Jesús, podemos ser tan victoriosos como lo fueron ellos.

La clave para mantener pensamientos correctos es permitir a la Palabra de Dios transformarte por medio de renovar tu mente. Romanos 12:2 dice, "No imiten las conductas ni las costumbres de este mundo, más bien dejen que Dios los transforme en personas nuevas al cambiarles la manera de pensar. Entonces aprenderán a conocer la voluntad de Dios para ustedes, la cual es buena, agradable y perfecta".

Nuestros pensamientos internos deben renovarse. La Biblia es la Palabra inspirada de Dios y es suficiente para salvaguardar y guiar nuestra mente en cada área (2 Timoteo 3:16). Debemos aprender a pensar de acuerdo con la Palabra: con pensamientos puros, completos y basados en la fe (Filipenses 4:8).

Meditar constantemente en la Palabra es un

componente crucial para la Experiencia de Adoración de 40 Días. Después de que te hayas entregado a Dios deliberadamente, y después de que hayas comenzado el flujo del Espíritu por medio de celebrar Su bondad hacia ti, tómate un tiempo para meditar en Su Palabra y ser renovado en tu mente.

"Meditar", en el sentido bíblico de la palabra, quiere decir concentrar nuestra mente en una verdad particular y permitirle que nos hable. No se trata de vaciar nuestra mente de cualquier pensamiento, ni es un tipo de relajación o técnica para centrarse. Cuando meditamos en la Palabra de Dios, intencionalmente digerimos lo que estamos leyendo. Ponderamos una verdad particular o pasaje, lo evaluamos, interactuamos con Él, nos sometemos a Él, y aplicamos la Palabra en nuestra vida.

Meditar es distinto a simplemente leer. Leemos para buscar información, pero meditamos para transformarnos. Piensa acerca de lo que lees hasta que comience a afectar tu existencia en el día a día. Debe volverse personal—algo que Dios te dice directamente a ti.

Salmo 1:2-3 describe la salud y vitalidad que experimentan aquellos que meditan en la Palabra de Dios: "Sino que se deleitan en la ley del Señor meditando en ella día y noche. Son como árboles plantados a la orilla de un río, que

> LEEMOS PARA BUSCAR INFORMACIÓN, PERO MEDITAMOS PARA TRANSFORMARNOS.

siempre dan fruto en su tiempo. Sus hojas nunca se marchitan, y prosperan en todo lo que hacen".

La Mente Importa

Quien sea que controle nuestra mente controla nuestra vida entera. Proverbios 23:7 nos dice, "Porque cual es su pensamiento en su corazón, tal es él" (RVR1960). La raíz de la palabra hebrea para "pensar" quiere decir "puerta" o "apertura" (Strong). Se refiera a un lugar de entrada. Tanto el bien como el mal entran en nuestras vidas a través de la entrada de nuestra mente.

La mente siempre ha sido el principal campo de batalla, comenzando en el Huerto del Edén cuando Satanás le mintió a Eva acerca del árbol del conocimiento del bien y el mal (Génesis 3:1-5). Satanás la atacó por medio de sus pensamientos, tratando de hacer que viera al árbol y sus frutos como algo distinto de aquello que eran.

El ataque de Satanás empezó con palabras que no se alineaban con lo dicho por Dios. Dirigió sus mentiras a las puertas de la mente de Eva. Ella tuvo elección acerca de cuáles pensamientos dejar entrar y cuáles dejar fuera. Eva decidió concordar con pensamientos contrarios a lo que Dios había dicho.

Este es el primer paso del engaño. Nunca subestimes el poder de un pensamiento. El arma más poderosa de Satanás es su habilidad para engañar. Usa las mentiras para guiarnos hacia conclusiones erróneas sobre Dios, nosotros mismos, otros, nuestro propósito en la vida, o cualquier otra área que nos pueda separar de Dios. Debemos aprender a convertirnos en excelentes guardianes, discerniendo y escogiendo lo que dejamos entrar a nuestras mentes.

LOS PENSAMIENTOS A LOS QUE PERMITIMOS LA ENTRADA A NUESTRAS MENTES DETERMINAN LA CONDICIÓN DE NUESTRO CORAZÓN.

¿A dónde van los pensamientos después de que les permitimos atravesar nuestra puerta mental? En Lucas 8, Jesús cuenta la parábola del sembrador. Asemeja el corazón a un jardín y el estado del corazón al tipo de tierra. Dependiendo del estado de la tierra, la semilla—la cual representa la Palabra de Dios—morirá o florecerá.

Describe cuatro tipos de tierra. Tres de las cuales no conducen a un buen crecimiento: la tierra dura, la tierra rocosa, y la tierra llena de espinas. Sólo la última—tierra buena, representando el corazón puro—es capaz de recibir la semilla de la Palabra de Dios y producir una abundante cosecha.

Jesús nos está diciendo que lo que permitamos entrar a nuestro corazón afecta la condición de nuestra alma y por tanto su capacidad de producir vida saludable. La semilla era la misma en todos los casos. Eran buenas semillas, y tenían el poder de generar un crecimiento saludable. Pero la condición de quien escucha hace toda la diferencia.

En griego, la palabra "corazón" es *kardia*. Se refiere al lugar donde pensamos, sentimos, y decidimos. Los pensamientos a los que permitimos la entrada a nuestras mentes determinan la condición de nuestro corazón. Esta es la razón por la cual aquello que nos permitimos pensar resulta tan crítico.

Nuestro corazón es donde mezclamos los pensamientos que hemos dejado pasar por la puerta de nuestra mente. Es donde desarrollamos actitudes y creencias acerca de Dios, la vida, nuestras circunstancias, y nosotros mismos. Estas actitudes y creencias dirigen nuestras acciones. Nuestras acciones, por lo tanto, son el resultado de los pensamientos y emociones que previamente hemos permitido entrar a nuestro corazón.

Jesús les dijo a sus discípulos, "Una persona buena produce cosas buenas del tesoro de su buen corazón, y una persona mala produce cosas malas del tesoro de su mal corazón. Lo que uno dice brota de lo que hay en el corazón" (Lucas 6:45). La versión RVR1960 dice en la frase final, "De la abundancia del corazón habla la boca".

Puedes ver cómo todo regresa a la fuente de nuestros pensamientos y cuán crítico es que aprendamos a llevar cautivo a cada pensamiento a la obediencia a Cristo. Escucha a lo que Pablo dice en 2 Corintios 10:3-5 (NVI).

Pues aunque vivimos en el mundo, no libramos batallas como lo hace el mundo. Las armas con que luchamos no son del mundo, sino que tienen el poder divino para derribar fortalezas. Destruimos argumentos y toda altivez que se levanta contra el conocimiento de Dios, y llevamos cautivo todo pensamiento para que se someta a Cristo.

Pensar Sobre Pensar

Una de las razones por las que permitimos que los patrones de pensamientos destructivos continúen ocultos es porque no nos tomamos el tiempo de pensar sobre aquello en lo cual pensamos.

Realiza un rápido inventario mental. ¿Cómo son tus pensamientos? ¿Qué está teniendo la mayor influencia en tu estado mental? ¿Es el miedo y la preocupación, o la fe y la confianza? ¿Eres capaz de controlar tus pensamientos, o tus pensamientos te controlan a ti? Nuestros pensamientos se ven influenciados por muchas cosas. Debemos estar conscientes de esto para que podamos proactivamente cultivar una mente y corazón sanos.

La influencia más obvia en nuestros pensamientos es *nuestro ambiente inmediato*, el cual percibimos a través de nuestros cinco sentidos. Las cosas que vemos, oímos, tocamos, olemos y probamos pueden tener un impacto ya sea positivo o negativo en nuestro estado mental. Debemos convertirnos en guardianes efectivos de nuestros sentidos.

Nuestra carne también influye en nuestros pensamientos. No me estoy refiriendo al cuerpo físico, sino a nuestra naturaleza caída. La carne en su interior está centrada en sí misma. No hará nada más que guiarnos a la esclavitud y la angustia. Mantente cuidadoso de esa voz interior que es capaz de crear pensamientos que conducen a la destrucción.

La guerra interior que sentimos es muy real. Gálatas 5:16-18 explica esta batalla a detalle:

> Por eso les digo: dejen que el Espíritu Santo los guíe en la vida. Entonces no se dejarán llevar por los impulsos de la naturaleza pecaminosa. La naturaleza pecaminosa desea hacer el mal, que es precisamente lo contrario de lo que quiere el Espíritu. Y el Espíritu nos da deseos que se oponen a lo que desea la naturaleza pecaminosa. Estas dos fuerzas luchan constantemente entre sí, entonces ustedes no son libres para llevar a cabo sus buenas intenciones, pero cuando el Espíritu los guía, ya no están obligados a cumplir la ley de Moisés.

El proceso de nuestra naturaleza caída siendo tentada a hacer el mal siempre involucra pensamientos, valores, y predisposiciones internas. Santiago 1:14-15 establece, "La tentación viene de nuestros propios deseos, los cuales nos seducen y nos arrastran. De esos deseos nacen los actos pecaminosos, y el pecado, cuando se deja crecer, da a luz la muerte".

La batalla puede ser agotadora a veces y, para ser honesto, no desaparecerá completamente hasta que no estemos unidos a nuestro Señor en el cielo. Pero podemos salir victoriosos en cada pelea por medio de la gracia de Jesús. Entre más meditemos en Él y en Su Palabra, más perderá la carne su poder sobre nosotros.

Además de nuestro ambiente y de nuestra propia carne, *nuestros pensamientos* también pueden verse afectados por el mundo espiritual. Tanto el Espíritu Santo como los espíritus demoníacos pueden influenciarnos, dependiendo de a cuál voz hagamos caso y de cómo respondamos.

> PODEMOS SALIR VICTORIOSOS EN CADA PELEA POR MEDIO DE LA GRACIA DE JESÚS.

Podemos ver esto ilustrado en Hechos 5, cuando Ananías y su esposa Safira intentaron mentir sobre cuánto aportaban a la iglesia. Pedro directamente hace referencia a la influencia de Satanás en sus mentes: "Ananías, ¿por qué has permitido que Satanás llenara tu corazón? Le mentiste al Espíritu Santo y te quedaste con una parte del dinero" (versículo 3).

La Biblia llama a Satanás el tentador. Tiene la capacidad de influenciar nuestros pensamientos en un intento por engañarnos para que hagamos lo opuesto a la voluntad de Dios. Eso no quiere decir que estemos obligados a rendirnos ante estos pensamientos, por supuesto. Cuando nos percatamos de que provienen de una fuente diabólica, debemos elegir rechazarlos de nuestras mentes con pensamientos sobre Dios.

En resumen, todo cuanto nos rodea tanto del mundo

visible como del invisible está ejerciendo influencia sobre nuestros pensamientos y compitiendo por ese lugar interior llamado corazón. Nuestra tarea es identificar la fuente de nuestros pensamientos y asegurarnos de que estamos meditando en cosas sanas y cercanas a Dios. Filipenses 4:8 dice, "Concéntrense en todo lo que es verdadero, todo lo honorable, todo lo justo, todo lo puro, todo lo bello y todo lo admirable. Piensen en cosas excelentes y dignas de alabanza".

Guardianes

Hemos visto que nuestros pensamientos no son ociosos o pasivos. Ya sea que nos demos cuenta de ello o no, siempre están trabajando, influyendo y moldeando nuestras vidas.

El corazón es un lugar fértil, y los pensamientos que permitimos que enraícen en él germinan en actitudes, acciones y, ultimadamente, en nuestro destino.

Estamos llamados a ser guardianes de nuestro propio corazón. Proverbios 4:23 dice, "Sobre todas las cosas cuida tu corazón, porque este determina el rumbo de tu vida". Cada uno de nosotros debe aprender cómo convertirse en un excelente guardián, tomando cautivo cada pensamiento.

Para ser guardianes exitosos, es imperativo que leamos y meditemos en la Palabra de Dios diariamente. Esta es la clave para una mente transformada. David dijo, "He guardado tu palabra en mi corazón, para no pecar contra ti" (Salmo 119:11).

La Palabra de Dios es viva y poderosa. Entrará en nuestro corazón como semilla y crecerá en las verdades de quien Dios es, cuánto nos ama, cuál es Su propósito para nuestras vidas, y cómo pensar y comportarnos. Hebreos 4:12 dice, "Pues la palabra de Dios es viva y poderosa. Es más cortante que cualquier espada de dos filos; penetra entre el alma y el espíritu, entre la articulación y la médula del hueso. Deja al descubierto nuestros pensamientos y deseos más íntimos".

> LOS PENSAMIENTOS DE DIOS SOBRE NOSOTROS ESTÁN ESCRITOS EN SU PALABRA, Y ÉL QUIERE PLANTAR TODOS ESOS BUENOS PENSAMIENTOS EN NUESTROS CORAZONES.

La Palabra de Dios es una luz para nuestros pies en un sendero oscuro (Salmo 119:105). El mundo es un lugar oscuro: pensamientos y actitudes erróneas pueden fácilmente hacernos tropezar. La verdad de Dios ilumina nuestro camino, exponiendo el error y apuntándonos la ruta hacia el éxito.

La Palabra de Dios es una carta de amor hacia nosotros. Nuestra tendencia humana es a dudar del amor de Dios porque estamos agudamente conscientes de nuestras fallas. Los pensamientos de Dios sobre nosotros están escritos en Su Palabra, y Él quiere plantar todos esos buenos pensamientos en nuestros corazones.

Ten un corazón hambriento de escuchar de Dios. Haz un plan, y comienza a leer la Palabra diariamente como parte de tu tiempo devocional. Por los próximos cuarenta días, a medida que te acerques al Señor con una vida entregada, usando música para celebrar tu camino con Él, encontrarás a tu corazón abierto y receptivo para la Palabra de Dios. Este es un gran momento para meditar en las Escrituras.

RELÁJATE Y DISFRUTA EL VIAJE.

Comienza leyendo la sección que has escogido para el día. Pídele al Espíritu Santo que te ayude a entender lo que estás leyendo. El Espíritu ha sido enviado para ayudarte a escuchar lo que dice la Palabra de Dios y para aplicarlo. No tengas miedo de pedir Su ayuda. La Biblia nos dice que pidamos, busquemos, y llamemos a la puerta (Mateo 7:7).

Permite que el Espíritu Santo te hable por medio de este pasaje, y medita en lo que Él dice. Deja que los pensamientos de Su Palabra se mezclen con tus pensamientos. Permítele a Dios obrar en tu interior. No te frustres si no entiendes todo lo que lees—sólo continúa leyendo y meditando en Su Palabra diariamente, y confía en que el Espíritu Santo te revelará lo que necesites saber.

Por medio de la meditación en la Palabra de Dios, tenemos una mayor consciencia de su presencia. Su Palabra es quien Él es. A medida que interactuamos con ella, estamos interactuando con Jesús mismo (Juan 1:1-4).

El Espíritu Santo y Su Palabra expondrán tus actitudes y creencias erróneas. La Biblia llama a estas cosas fortalezas o falsos argumentos (2 Corintios 10:3-5). Todos los tenemos, pero a medida que nos entregamos a la lectura y la meditación en la Palabra de Dios, nuestra mente y corazón se purifican.

Mantén en mente que puedes experimentar cierta resistencia a empezar. Esto pasa porque hay una batalla por tu vida. El enemigo no quiere que comiences. No dejes que eso te desanime.

¿Cómo deberías empezar? En la sección de Diario al final de este libro, encontrarás pasajes sugeridos para los primeros cuarenta días. Este sería un buen punto de partida. Si estás en un plan de lectura diferente, o si ya utilizas un devocional diario que incluye pasajes de la Biblia, puedes seguir eso. A lo largo de los años, he usado diferentes planes para leer y meditar en la Palabra de Dios.

El punto es iniciar y meditar en la Palabra cada mañana. Relájate y disfruta el viaje. No trates de abarcar grandes cantidades de la Biblia cada día—puede que te pases todo el tiempo de una mañana en un solo pasaje o incluso en una sola frase.

A medida que lees en la atmósfera del flujo de la presencia de Dios, por momentos te sentirás conmovido por ciertos pasajes de las Escrituras. Eso es Dios hablándote, revelándose a Sí mismo por medio de Su Palabra escrita.

Un día, poco después de la resurrección de Jesús, Él pasó varias horas caminando y hablando con dos hombres en el trayecto a Emaús (Lucas 24:13-35). Ellos no lo reconocieron, pero estaban sorprendidos por cómo hacía que la Palabra cobrara vida. Más tarde, lo describieron de esta forma: "¿No ardía nuestro corazón cuando nos hablaba en el camino y nos explicaba las Escrituras?" (versículo 32).

Esto es lo que el Espíritu Santo hace por nosotros cuando nos tomamos tiempo para leer y meditar en la Palabra de Dios.

Usa tu diario para redactar las Escrituras y pensamientos que te resulten inspiradores. Ese es Dios hablándote por medio de Su Palabra. Querrás recordar lo que has leído y estudiarlo para poder reflexionar sobre ello más tarde.

Mientras te disciplinas a leer la Palabra de Dios cada mañana, plantará una semilla en tu corazón que con el tiempo crecerá en un hermoso jardín de la verdad. Puede que no te des cuenta en el momento del poderoso efecto que tiene, pero mientras disfrutas de la presencia de Dios y te tomas el tiempo de entregarte, celebrar, y meditar, Su vida comenzará a fluir en tu corazón.

Encontrarás que la actitud de meditación en tu tiempo de oración continuará a lo largo del día. La manera en que piensas cambiará. Estarás más al tanto de los pensamientos de Dios. Identificarás mentalidades erróneas y actitudes incorrectas más fácilmente. Te encontrarás aplicando prácticamente lo que Dios te diga por las mañanas.

La meditación es pensar sobre algo una y otra vez. La expresión "rumiar una idea" o "masticar una idea" es esencialmente el concepto de meditar. Las vacas y otros animales mascan su alimento trayéndolo de vuelta a su boca y masticándolo, a menudo durante horas, hasta que está listo para ser propiamente digerido.

Nosotros "rumiamos la idea" de la Palabra al traerla a la mente repetidamente, extrayendo todo lo que podemos de ella y digiriendo su significado. La Palabra de Dios es alimento para nuestro corazón, como el alimento natural para nuestro cuerpo, y lo que ingerimos ultimadamente se convierte en parte de quienes somos.

La Palabra interactuará con nuestros pensamientos, emociones, actitudes, creencias, y hábitos. Algunos de estos estarán en contradicción con la Palabra de Dios y necesitarán ser removidos. Esta es una parte del proceso de transformación, y sucede naturalmente a medida que el espíritu de nuestra mente es renovado (Efesios 4:23).

Lo bello acerca del proceso de santificación es que no tenemos que apretar chasquear los dedos y hacer que suceda. Es el resultado de la gracia y el poder del Espíritu Santo trabajando en nosotros. Mientras que meditamos en las verdades de Dios, nos volvemos como Él. Nuestros pensamientos cambian, por tanto nuestras actitudes y emociones, y luego nuestras acciones. Nuestra responsabilidad en el proceso es dejar que suceda. Es así de simple. Cooperamos con el Espíritu Santo mientras que Él gentilmente nos guía en los caminos de la justicia, paz, y gozo.

> MIENTRAS QUE MEDITAMOS EN LAS VERDADES DE DIOS, NOS VOLVEMOS COMO ÉL.

Por supuesto, este no es siempre un proceso cómodo. Leer la Biblia desde una perspectiva académica o intelectual es mucho más fácil que abrir nuestra mente, voluntad, y emociones al escrutinio del Espíritu. Cuando la Palabra de Dios súbitamente se vuelve personal, y cuando Dios nos haba directamente sobre una actitud o situación particular, a menudo nos sentimos simultáneamente en paz y en conflicto. Estamos en paz porque sabemos que Dios nos ha hablado, pero hay un conflicto interno de la voluntad y las emociones al ser confrontados con la necesidad de cambiar.

No exageres en estas emociones. Recuérdate que tú *quieres* el cambio. Recuérdate que te has entregado a un Dios bueno que te desea únicamente cosas buenas. Luego, medita humildemente en lo que Dios está mostrándote y pídele Su ayuda para llevar a cabo los ajustes necesarios.

Previamente, mencioné los tres enemigos que están compitiendo por acceso a nuestro corazón: la carne, el diablo, y el sistema mundial. La Palabra es un arma efectiva para derrotar a esos tres enemigos. "Y conocerán la verdad, y la verdad los hará libres" (Juan 8:32). Jesús mismo usó la Palabra para vencer a la tentación en el desierto (Mateo 4:1-11).

El Rey David dijo, "Examíname, oh Dios, y conoce mi corazón; pruébame y conoce los pensamientos que me inquietan. Señálame cualquier cosa en mí que te ofenda y guíame por el camino de la vida eterna" (Salmo 139:23-24). Él entendió el poder de los pensamientos negativos porque vio lo que ocurrió cuando un pensamiento pecaminoso suyo en la azotea de su palacio no fue traído a cuentas. Ese pensamiento lo llevó por un sendero de tristeza, pecado, violencia y dolor—cometió adulterio con una mujer casada, Betsabé, y luego mandó matar a su esposo (2 Samuel 11).

Sólo podemos pensar en una cosa a la vez: no más, no menos. Eso quiere decir que la mejor forma de combatir los pensamientos negativos no es tratando de evitar pensar en ellos, sino pensando en algo más en su lugar: la Palabra de Dios.

Tenemos autoridad sobre cada pensamiento que trata de entrar a nuestro corazón por medio de nuestra mente. Cada pensamiento es evaluado y después filtrado por el Palabra y el Espíritu. Todo esto sucede en un nanosegundo dentro de nuestro ser. Si determinamos que el pensamiento es de Dios, podemos dejarlo entrar. De lo contrario, lo tomamos cautivo y lo repelemos de nuestra mente. La frase en 2 Corintios 10:3-5, "Capturamos los pensamientos rebeldes y enseñamos a las personas a obedecer a Cristo", es un concepto militar que se refiere a apoderarse y remover al pensamiento por la fuerza.

Seguido las personas creen que no pueden controlar un pensamiento o actitud, pero esto simplemente no es verdad. Siempre tenemos elección, y tenemos el poder de Dios residiendo dentro de nosotros por medio del Espíritu Santo para tomar la decisión correcta.

Mientras nos volvemos más conscientes de nuestros propios pensamientos, este proceso de tomar cada pensamiento cautivo se volverá más sencillo. He oído que el mejor método de los empleados de banco para reconocer dinero falso es haber pasado horas y horas con el dinero real. Cuando se encuentran con un billete falso, lo reconocen inmediatamente por estar tan familiarizados con los billetes auténticos. Este mismo principio es cierto con nuestros pensamientos. Entre más familiarizados nos volvemos con las verdades de la Palabra de Dios, más fácilmente detectamos los errores.

Mientras lees y meditas en la Palabra de Dios diariamente, nueva vida entrará a tu alma. Derrotarás a la tentación más fácilmente, tendrás un nuevo autocontrol en tus actitudes y acciones, y te volverás más consciente que nunca de la presencia de Dios.

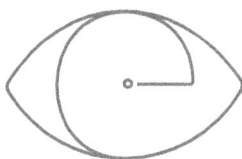

MEDITA

Durante la Experiencia de Adoración de 40 Días, estás leyendo tu Biblia cada día. Puede que estés leyendo la porción de los Salmos presente en la sección del Diario u otras partes de las Escrituras. A medida que leas, te animo a que abras tu corazón a la Palabra de Dios y aprendas a meditar en lo que Él está diciéndote.

Meditar, en el sentido bíblico del término, es un constante repensar acerca de la Palabra. No te apresures en tu lectura. No tengas prisa de terminar largos extractos de las Escrituras. Una mañana puede que leas capítulos enteros, otra mañana puede que te pases todo el tiempo digiriendo una frase o versículo.

Jesús dijo, "La gente no vive solo de pan, sino de cada palabra que sale de la boca de Dios" (Mateo 4:4). La Palabra de Dios le habla a nuestro corazón y nos da una dirección clara para la vida. Nunca subestimes el poder de la semilla de Su Palabra siendo plantada en tu corazón.

Preguntas de Reflexión

Tómate unos momentos para hacer esta oración, luego responde a las siguientes preguntas.

"Jesús, Tú eres la Palabra de Dios que es como una luz para mis pies. Oro para que Tú ilumines mi corazón con Tu Palabra, transformándome y cambiándome de adentro hacia afuera. Oro que Tus pensamientos se conviertan en los míos, y por no pecar contra Ti con mis pensamientos, actitudes, o acciones. Estoy emocionado por aprender Tus caminos y caminar contigo el sendero. Oro para que Tu Palabra transforme mi corazón el día de hoy".

1. ¿Qué tan importante es tener la Palabra de Dios plantada en tu corazón? ¿Cuáles son algunos de los obstáculos a los que te has enfrentado leyendo diariamente la Biblia?

2. Lee Salmo 119:11 en voz alta. ¿Qué significa este versículo para ti?

    He guardado tu palabra en mi corazón,
    para no pecar contra ti. (Salmo 119:11)

3. Lee Lucas 8:4-15. ¿Qué te dice este pasaje sobre tu corazón? ¿Con qué se compara tu corazón?

4. Imagínate tu corazón como un jardín. ¿Quiénes son los "enemigos" de tu corazón, y cómo ganan acceso? ¿Cómo puede la Palabra de Dios derrotar a esos enemigos?

Tus Mañanas Hasta Ahora

1. ¿Cuáles han sido algunos de los retos a los que te has enfrentado durante la Experiencia de Adoración de 40 Días?

2. ¿Qué está sucediendo en tu corazón, y qué está diciéndote Dios?

3. ¿Qué cambios ves ocurriendo en tu vida?

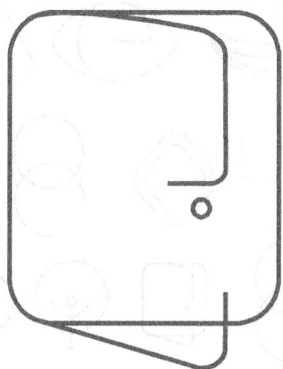

ÁBRETE

ÁBRETE

**Permite que el Espíritu Santo traiga sanidad
y cambio en áreas específicas de tu vida.**

*¡Mira! Yo estoy a la puerta y llamo. Si oyes mi voz y abres
la puerta, yo entraré y cenaremos juntos como amigos
(Apocalipsis 3:20).*

Es irónico que en las áreas donde necesitamos más
ayuda, seguido nos cerramos al diálogo honesto con
nuestro Salvador. Él nos creó y conoce cada detalle de
nuestras vidas mejor que nosotros mismos, pero aun así
parece que pensamos que podemos esconderle cosas.
Es mucho mejor abrir nuestro corazón a Su búsqueda y
dirección.

Una persona que tomó mi clase de oración, un hombre llamado James, resumió su experiencia de esta manera: "Los últimos cuarenta días han sido un tiempo
muy interesante. Me ha gustado tanto como me ha completamente desagradado por lo que pasé. La parte que
disfruté fue conectarme con el Padre y poder pasar el

resto del día con un muy impresionante resultado. La parte que me desagradó fue cuando Dios trajo a mi atención las cosas que necesitaban un cambio en mi vida".

¡No podría haberlo dicho mejor! Pero es esta apertura a la dirección y corrección del Espíritu Santo lo que hace que nuestra relación con Él sea auténtica.

Disfrutar de la continua presencia de Dios en nuestra vida requiere que ninguna área sea excluida de la luz de Su Palabra y Su sorprendente amor por nosotros. No debemos permitir que nuestras vidas se vuelvan compartimentadas, dándole a Dios acceso a algunas áreas pero no a otras.

Previamente, mencioné acercarnos a Dios con entrega. "Entrega" se refiere a una amplia y sincera actitud de sumisión a Dios. El término "abierto", como es usado en este capítulo, es más específico. Me estoy refiriendo al diálogo honesto con Dios al respecto de cada área. Una vez que hemos pasado tiempo cada mañana en entrega, celebración, y meditación, nuestro corazón

> TODO LO QUE SOMOS, TODO LO QUE TENEMOS, TODO LO QUE JAMÁS SEREMOS LE PERTENECE A ÉL.

está preparado para acercarse con confianza al Señor y escuchar lo que Él tenga que decir sobre lo que sea que Él decida hablar.

Cuando entregamos nuestra voluntad a la Suya, reconocemos que nuestra vida no nos pertenece. Todo lo que somos, todo lo que tenemos, todo lo que jamás seremos le pertenece a Él. Él tiene el derecho de acceder y dirigir cada faceta de nuestra existencia.

No Te Escondas Más

La idea de darle a Dios acceso total me hizo sentir incómodo al principio, y probablemente tendrá el mismo efecto en ti. ¿Por qué? Porque a menudo, cuando nos acercamos a Dios, nos avergonzamos de quienes somos y de lo que hemos hecho.

Antes de su caída, Adán y Eva estaban desnudos y desvergonzados frente a Dios. En un sentido espiritual, así es cómo estamos destinados a vivir bajo el Nuevo Pacto. Debemos estar espiritualmente "desnudos", o transparentes, en nuestros corazones y mentes. De lo contrario, las áreas carnales continuarán manifestándose y encontrando formas negativas de hacerse presentes, obstaculizando nuestra cercanía con Él y nuestro progreso en la vida.

Cuando Adán y Eva pecaron, introdujeron la culpa y la vergüenza a la raza humana. Se escondieron de Dios—el único que realmente podía ayudarlos. Su pecado, junto con la culpa y vergüenza resultantes, los separaron de su Creador (Génesis 3).

Estos dos sentimientos—culpa y vergüenza—continúan siendo un problema para todos nosotros. A menudo nos impiden abrirnos completamente a Dios y recibir la gracia que necesitamos.

La culpa es un sentido de responsabilidad por haber cometido una acción errónea. La culpa no es necesariamente mala. Su propósito es motivarnos hacia el arrepentimiento, el cambio, y la restitución; sin embargo, no debe convertirse en un estilo de vida. La vergüenza va un paso más lejos que la culpa, derivando en un sentido general de angustia emocional y desgracia.

Ambos sentimientos están enraizados en una cosa: nuestros pecados, ya sean reales o imaginarios. Estamos dolorosamente conscientes de nuestros defectos. Cuando vemos la gloria y la perfección de Dios, nuestra reacción natural es tratar de esconder nuestro sucio y vergonzoso comportamiento de Su vista.

Debemos darnos cuenta de que en la redención, la sangre de Jesús borró nuestros pecados. No son más visibles (Salmo 103:12). Cuando Dios nos ve, Él sólo ve la pura santidad de Jesús. Eso quiere decir que nuestra culpa y vergüenza han sido también removidas. Jesús tomó esas cosas en Sí mismo cuando murió en la cruz. No hay necesidad de que nosotros continuamente repasemos nuestras malas acciones o nos concentremos en nuestras fallas.

El primer paso para la apertura con Dios es percatarse de que el pecado ya no nos separa. Dios no está enojado con nosotros. Él no está frustrado o decepcionado con nosotros. Nuestro repetido fracaso no le sorprende—Él nos conoce mejor de lo que nos conocemos a nosotros mismos, y aun así nos ama. Él añora reafirmarnos su perdón. Él está orgulloso de nosotros y de nuestros esfuerzos por hacer lo correcto, como un padre y madre terrenales están orgullosos de sus hijos.

> Pero Dios mostró el gran amor que nos tiene al enviar a Cristo a morir por nosotros cuando todavía éramos pecadores. Entonces, ya que hemos sido hechos justos a los ojos de Dios por la sangre de Cristo, con toda seguridad él nos salvará de la condenación de Dios. Pues, como nuestra amistad con Dios quedó restablecida por la muerte de su Hijo cuando todavía éramos sus enemigos, con toda seguridad seremos salvos por la vida de su Hijo. Así que ahora podemos alegrarnos por nuestra nueva y maravillosa relación con Dios gracias a que nuestro Señor Jesucristo nos hizo amigos de Dios. (Romanos 5:8-11)

Es momento de salir del escondite. Nuestro pecado no es más el problema—es la culpa y la vergüenza lo que prolonga la separación. No permitas que el miedo o la pena te mantengan alejado de Dios, el único que puede curar tus heridas y darte la gracia para resurgir.

Ábrete a Sanar

Si somos sinceros con nosotros mismos, sabemos que necesitamos ayuda para vivir una vida pura. ¡Buenas noticias! Dios no espera que hagamos eso por nuestra cuenta. Como acabo de mencionar, Su gracias se encargó de nuestra culpa y vergüenza. Ahora, Su gracia también nos ayudará a vivir distinto que antes.

Debemos darnos cuenta de que este es un proceso. La Biblia llama a este proceso santificación, un término que hace referencia a volverse santo o a apartarnos del pecado y de la manera mundana de vivir. Este proceso durará toda nuestra vida y, al tiempo que requiere de tomar decisiones difíciles por momentos, las recompensas son grandiosas. El pecado es disfrutable por un momento, mas no hace otra cosa que destruirnos a nosotros mismos y a aquellos que amamos. Dios quiere liberarnos de las cosas que nos están reteniendo para que podemos verdaderamente disfrutar de la vida que Él nos ha otorgado.

> MÁS QUE CUALQUIER OTRO SER VIVIENTE, DIOS PUEDE MANEJAR NUESTROS SENTIMIENTOS Y PENSAMIENTOS.

La santificación requiere que seamos abiertos, honestos, y transparentes ante Dios. Esto incluye a las áreas externas, como acciones y decisiones; del mismo modo que a las internas, como pensamientos y emociones. Ambas están conectadas, como ya describí previamente: los pensamientos se convierten en actitudes y creencias, y las actitudes y creencias se convierten en acciones. Necesitamos llegar al punto donde natural y fácilmente abrimos cada área a la evaluación de Dios, en especial nuestros pensamientos y emociones más privados.

El libro de los Salmos nos muestra que David fue capaz de expresar Sus verdaderas emociones a Dios. Necesitamos practicar este tipo de honestidad con nuestro Padre Celestial por medio de expresar lo que realmente está sucediendo dentro de nuestros corazones. Él no va a enojarse con nosotros por ser honestos. Más que cualquier otro ser viviente, Dios puede manejar nuestros sentimientos y pensamientos. La honestidad es el primer paso hacia la sanidad y la ayuda.

Las emociones humanas son volubles y pueden extraviarnos si no somos cuidadosos. No todo lo que sentimos es cierto. El diablo es habilidoso, y él intenta manipular las cosas que enfrentamos en la vida para generarnos desaliento, desilusión, dolor, amargura, y resentimiento. Podemos encontrar estos intentos del enemigo por engañarnos a través de tener una comunicación abierta con Dios. Cuando nos lleguen pensamientos o experiencias difíciles, confusos, o preocupantes, debemos ser capaces de acudir al Señor para tener una conversación sincera con Él.

"Una conversación sincera" no significa acusar o faltar al respeto. Hay una diferencia entre acudir a Dios con preguntas y cuestionar a Dios. La primera se hace con honestidad y humildad, reconociendo que Dios está al mando; la segunda implica atribuir motivos equivocados a Dios y poner en juicio Su bondad.

Recuerda, Isaías nos dice que las maneras de Dios son superiores a las nuestras y Sus pensamientos superiores a los nuestros (Isaías 55:9). La vida no siempre hace sentido intelectualmente, por lo que nuestros sentimientos pueden pasarse de la raya. Los miedos asedian nuestra mente y corazón. La condenación, culpa, y vergüenza se acumulan.

Es en estos momentos que más necesitamos estar a solas con Dios y dejar que nuestro corazón se conecte con Él. Sentarnos en nuestra "silla de la depresión", como yo hacía, y angustiarnos acerca de todo es inútil. Pero Dios nunca está abrumado, y Él está esperando a que corramos a Sus brazos (Proverbios 18:10). Él quiere ayudarnos a evitar que nuestras circunstancias dicten nuestros pensamientos, sentimientos, y acciones. Esto es lo que ganamos cuando abrimos nuestro corazón hacia Él. Nuestra respuesta ante cada situación debe provenir del liderazgo del Espíritu Santo.

No Termines en una Zanja

Todos hemos escuchado historias sobre conductores que exageraron su reacción al volante ante algo y terminaron saliéndose del camino. Tal vez tiraron su café sobre sus piernas, o una ardilla corrió atravesando la calle, o se desviaron hacia la grava suelta y sobre reaccionaron. El punto es, un pequeño problema se convirtió en uno mucho más grande debido a su respuesta exagerada.

No termines en una zanja sólo porque derramaste tu café. En otras palabras, no permitas que tus emociones y pensamientos saquen situaciones negativas fuera de proporción. Sé cómo funciona—¡yo era un experto exagerando! Como ya mencioné, sufrí de ataques de pánico y ansiedad durante más de treinta y ocho años.

La estabilidad emocional y libertad del miedo son dos de los mayores resultados que he visto en mi propio proceso de oración y adoración. A medida que paso tiempo con Dios cada mañana, mis emociones y perspectiva están siendo continuamente puestos en línea con los pensamientos de Dios.

En una ocasión, durante la temporada en la vida de David cuando él y su variopinto ejército estaban huyendo de Saúl, regresaron de una expedición y encontraron que sus esposas, hijos, y posesiones habían sido tomados por los amalecitas (1 Samuel 30). David y sus "hombres valientes", como se llamaban, estaban anonadados y descorazonados, hasta el grado en que algunos hablaban sobre matar a David.

David había perdido a su familia también, y no tenía idea de qué hacer. En vez de permitir que sus emociones se apoderaran de él, no obstante, encontró fuerzas en el Señor (versículo 6). David era brutalmente honesto con Dios porque necesitaban ayuda desesperadamente, una actitud que vemos repetidamente en los Salmos. David tenía una relación cercana con el Señor y un

> NO PERMITAS QUE TUS EMOCIONES Y PENSAMIENTOS SAQUEN SITUACIONES NEGATIVAS FUERA DE PROPORCIÓN.

concepto sano de quien él era y de quien Dios es. Como resultado, David fue capaz de encontrar una perspectiva realista y alineada con el Señor sobre cada situación negativa.

Entonces le pidió a Dios que lo guiara respecto a cómo reclamar lo que su enemigo les había quitado. Dios lo dirigió a contraatacar, y David y sus hombres terminaron obteniendo una gran victoria y recuperando lo que habían perdido. Sólo podemos imaginarnos qué habría pasado si David hubiera exagerado emotivamente.

Cultivar un corazón abierto y honesto ante el Señor provocará un cortocircuito en pensamientos y sentimientos equivocados en momentos de crisis. Nos ayudará a minimizar reacciones negativas y a tomar decisiones racionales.

Hace años, tenía un amigo que se estaba separando de su esposa. Pensamientos y emociones de dolor y rechazo estaban llevando por el camino equivocado. Un día, en su desesperación, me contó que simplemente quería terminar con su vida. Le dije que no me preocupaba su situación actual tanto como la decisión que estaba por tomar como respuesta.

Afortunadamente, perseveró en fe. Nueve meses más tarde, se reconcilió con su esposa. Tan sólo piensa en lo que habría sucedido si él hubiera exagerado aquellos pensamientos negativos en un tiempo de crisis.

Nuestra naturaleza humana caída es muy hábil en el autoengaño. En cada situación, debemos ser honestos con Dios y con nosotros mismos acerca de cómo nos estamos sintiendo y qué estamos pensando. ¿Estamos permitiendo la autocompasión, desaliento, enojo, u otras emociones fuertes distorsionar nuestro juicio?

Jeremías 17:9-10 dice, "El corazón humano es lo más engañoso que hay, y extremadamente perverso. ¿Quién realmente sabe qué tan malo es? Pero yo, el Señor, investigo todos los corazones y examino las intenciones secretas. A todos les doy la debida recompensa, según lo merecen sus acciones".

Podemos estar siendo engañados en cualquier momento. Nadie es inmune: incluso grandes hombres y mujeres de la Biblia fueron engañados en ocasiones. El problema con el engaño es que somos ciegos ante él. Ahí es donde la humildad y la apertura entran en juego. Le damos al Espíritu Santo acceso y permiso de traer corrección a cualquier área donde Él considere conveniente.

En Génesis capítulo 4, leemos una conversación entre Dios y Caín, después de que Dios ha rechazado la ofrenda de Caín. Caín estaba enojado, y probablemente ya estaba planeando la muerte de su hermano. Dios podía ver que Satanás estaba escondido detrás de la puerta en el corazón de Caín. Dios le advirtió que el mal estaba acechando en su corazón y que necesitaba ser honesto acerca de lo que estaba sucediendo en su interior. Tenía que sobreponerse al mal y hacer lo que es correcto.

Esta es una imagen clara de cómo el pecado puede obtener un agarre (Efesios 4:27). Empieza pequeño, con una actitud errónea pasada por alto, pero tiene el potencial de crecer hasta ser un gran error.

A pesar de que Caín dialogó con Dios, no abrió

cada área de su corazón para recibir la ayuda que Dios le ofreció. En vez, respondió a partir de su dolor, lo cual terminó en la muerte de su hermano y en su propio destierro.

Todos nos enfrentamos a circunstancias difíciles, ofensas, y tentaciones. No podemos permitirnos compartimentar nuestros pensamientos y sentimientos. Necesitamos aprender a acudir ante Dios primero, y a hacerlo con transparencia y autenticidad. La Experiencia de Adoración de 40 Días nos coloca en posición de hablar con Dios primero, cada día, acerca de cualquier cosa que estemos enfrentando. A medida que Su gracia y sabiduría fluyen a través de nosotros, tomaremos mejores decisiones.

> AHORA ES EL MOMENTO DE ACERCARSE AL TRONO DE GRACIA.

¿Qué aspectos de tu vida necesitan abrirse ante Dios? ¿Hay algún problema de enojo o lujuria? ¿Luchas con la depresión? ¿El miedo ha dominado tu corazón recientemente? ¿Hay partes de tu vida donde te gustaría ver cambios? ¿Hay asuntos que te dé vergüenza abrir con el Señor? Ahora es el momento de acercarse al trono de gracia. No hay vergüenza ni condenación—sólo el poder sobrenatural de Dios de conseguir la victoria.

La Oración de Entrega, la cual se encuentra al final de este libro, justo antes del Diario, puede ser una herramienta útil para encaminarte a través de diferentes problemas del corazón que requieren ser entregados a Dios.

ÁBRETE

Este capítulo aborda la apertura de nuestro mundo interior al Señor y a invitarlo a pasar. En Apocalipsis 3:20, Jesús dice que Él toca a la puerta. Se está refiriendo a la puerta de nuestro corazón. Jesús quiere poder visitar cada habitación de nuestro corazón. Nosotros tenemos acceso a Él, y Él quiere tener completo acceso a nosotros.

Abrir nuestro corazón de par en par puede ser aterrador si sentimos como que tenemos algo que esconder. Tratamos de compartimentarlo: le damos acceso a Jesús a cierta parte pero no a todo. En realidad, por supuesto, Dios ya ve todo. Él sabe nuestros pensamientos antes de que los pensemos. Sólo porque no queramos admitir debilidad frente a Dios no quiere decir que esté escondida de Él. Es mucho mejor darle acceso libre y confiar en que Él tiene nuestro mayor interés en mente.

A menudo, la culpa y la vergüenza nos impiden ir a la puerta y dejar que Jesús se encuentre con nosotros. Esto sucedió primero en el Edén después de que Adán y Eva pecaran. Terminaron tratando de esconderse de Dios. Dios vino a buscarlos, los encontró, y los llamó (Génesis 3:8-11).

Jesús quiere que lo sigamos. No viene a juzgarnos ni condenarnos, sino a amarnos y mostrarnos cómo vivir en la victoria y en la paz. El amor de Dios está siempre tocando. Es nuestro desafío escuchar el toquido y responder invitándolo a pasar. Es tiempo de dejar que Dios haga una labor más profunda. No más esconderse. No tengas miedo. ¡Tu sanación es ahora!

Preguntas de Reflexión

Tómate unos momentos para hacer esta oración, luego responde a las siguientes preguntas.

"Señor Jesús, tal como David oró, te pido que busques en mi corazón y veas si cualquier cosa en mí te desagrada. No quiero compartimentar más mi corazón. En su lugar, te estoy invitando a entrar en cada área de mi vida. No quiero esconderme más de ti. Admito que esto me pone nervioso, pero estoy confiando en ti para que hagas una labor más profunda de gracia en mí. Estoy emocionado por dejarte amarme de una manera fresca y nueva, y por revelarte áreas donde necesito sanación y transformación".

1. ¿Es difícil para ti ser vulnerable y transparente acerca de tus debilidades y fallas? ¿Por qué sí o por qué no?

2. Lee Salmo 139:23-24 en voz alta. ¿Qué significa para ti este pasaje?

    Examíname, oh Dios, y conoce mi corazón; pruébame y conoce los pensamientos que me inquietan. Señálame cualquier cosa en mí que te ofenda y guíame por el camino de la vida eterna. (Salmo 139:23-24)

2. Lee Colosenses 3:1-5. ¿Qué te dicen estos versículos acerca de la naturaleza engañosa del pecado que permanece aún dentro de nosotros? ¿Puedes pensar en áreas donde el pecado podría estar "acechando" en tu propia vida?

    Ya que han sido resucitados a una vida nueva con Cristo, pongan la mira en las verdades del cielo, donde Cristo está sentado en el lugar de honor, a la derecha de Dios. Piensen en las cosas del cielo, no en las de la tierra. Pues ustedes han muerto a esta vida, y su verdadera vida está escondida con Cristo en

Dios. Cuando Cristo—quien es la vida de ustedes—sea revelado a todo el mundo, ustedes participarán de toda su gloria.

Así que hagan morir las cosas pecaminosas y terrenales que acechan dentro de ustedes. No tengan nada que ver con la inmoralidad sexual, la impureza, las bajas pasiones y los malos deseos. No sean avaros, pues la persona avara es idólatra porque adora las cosas de este mundo. (Colosenses 3:1-5)

3. ¿Hay áreas particularmente complicadas a las que te estés enfrentando que quisieras mencionar?

Tus Mañanas Hasta Ahora

1. ¿Cuáles han sido algunos de los retos a los que te has enfrentado durante la Experiencia de Adoración de 40 Días?

2. ¿Qué está sucediendo en tu corazón, y qué está diciéndote Dios?

3. ¿Qué cambios ves ocurriendo en tu vida?

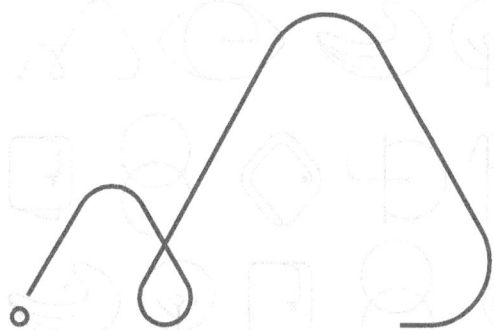

DEDÍCATE

DEDÍCATE

Compromete tu día al uso que le quiera dar Dios y pídele Su ayuda.

El Señor dirige los pasos de los justos; se deleita en cada detalle de su vida. Aunque tropiecen, nunca caerán, porque el Señor los sostiene de la mano. (Salmo 37:23-24).

La mejor parte de la vida es la emoción de la presencia de Dios. Una vez que la has experimentado verdaderamente, nada más se le compara. Percibir Su amor, escuchar Sus palabras de aliento, relajarse en Su paz que sobrepasa el entendimiento—estos son sólo algunos tesoros que encontramos cuando pasamos tiempo con Él. Como dijo David, "Me mostrarás el camino de la vida; me concederás la alegría de tu presencia y el placer de vivir contigo para siempre" (Salmo 16:11).

Una vez que nos damos cuenta de que Su presencia es todo lo que realmente queremos o necesitamos, el resto de la vida se convierte en una oportunidad de experimentarlo a Él. Incluso los momentos difíciles son sólo una oportunidad para que Dios se revele a Sí mismo y para que nosotros nos acerquemos más a Él. La vida toma un nuevo significado. Nuestra atención cambia de lugar. Vemos la mano de Dios en todo lo que hacemos, y nos volvemos conscientes de Su continua presencia. Las cosas temporales disminuyen en valor, las eternas incrementan el suyo.

Esta perspectiva incluyente a la vida—ver a Dios en acción y seguirlo en cada faceta de nuestra existencia—es la esencia del quinto principio, *Dedícate*.

Adoración con los Pies en la Tierra

Durante esta travesía de cuarenta días, hemos hablado de entregar tu vida, celebrar la bondad de Dios, meditar en Su Palabra, y en abrir nuestros corazones a Él. Ahora, te aliento a que te tomes unos momentos para dedicar tu día a Su liderazgo. Si estás dispuesto a hacer esto, percibirás el favor y la bendición de Dios de una nueva forma.

Dedicar nuestra mente, voluntad, emociones, y acciones a Dios es una manera práctica de expresar adoración. Es relativamente fácil decirle a Dios cuán maravilloso es, pero como todos sabemos, las actitudes y las acciones hablan más fuerte que las palabras. Nos hemos convertido en adoradores de verdad cuando deseamos complacerlo a Él en cada aspecto de nuestras vidas.

La dedicación comienza en el interior, con un corazón entregado, humilde, y lleno de fe. Rápidamente se derrama en el mundo físico por medio de palabras y acciones. Es la aplicación práctica de nuestra vida espiritual interna dedicada a seguirlo a Él.

La dedicación fluye de una decisión diaria de darle a Dios completo control sobre nuestras vidas. Confía en Él, apóyate en Él, y aprende de Él. Hay en esto una curva de aprendizaje: es difícil al principio, pero con el tiempo se va volviendo más fácil. Pronto, administrar o aplicar todo lo que Dios nos da por medio de Su gracia y favor será el anhelo de nuestro corazón.

> NOS HEMOS CONVERTIDO EN ADORADORES DE VERDAD CUANDO DESEAMOS COMPLACERLO A ÉL EN CADA ASPECTO DE NUESTRAS VIDAS.

En nuestra relación con Dios, el nivel de intimidad está directamente relacionado con nuestro nivel de dedicación. Dios se deleita en un corazón entregado. Una actitud humilde, enseñable, confiada, nos abre a un flujo de bendiciones que no podemos imaginar.

Génesis 6:9 describe el estilo de vida de Noé, un gran héroe de la fe, de esta forma: "Noé era un hombre justo, la única persona intachable que vivía en la tierra en ese tiempo, y anduvo en íntima comunión con Dios". Todo lo que Noé hacía era un acto de adoración hacia Dios, y él caminaba en una auténtica relación con el Señor. ¡Nosotros podemos tener esa misma relación!

Seguido, intentamos ganarnos el favor de Dios por medio de buenas acciones hechas con nuestra propia fuerza, sin realmente entregarnos a Su voluntad. Esto resulta contraproducente porque, hasta que nuestra voluntad le sea entregada a Él, continuaremos viviendo de acuerdo con la carne, sin importar lo mucho que intentemos.

El libro de Gálatas nos dice, "Dejen que el Espíritu Santo los guíe en la vida. Entonces no se dejarán llevar por los impulsos de la naturaleza pecaminosa" (5:16). Lo opuesto también es verdad: si no seguimos el Espíritu, seremos presa de deseos terrenales.

Dios quiere primero nuestro corazón, incluso antes de nuestras acciones. Jesús ya pagó por nuestros pecados, y Dios sabe que si nuestro corazón está bien, nuestras acciones lo seguirán. Él puede trabajar con un corazón suave.

Desear seguir a Dios en todo lo que hago ha sido clave para encontrar libertad personal. Como ya he mencionado, el miedo es mi mayor enemigo, y la depresión está en un cercano segundo lugar. He averiguado que a Dios no le intimidan mis problemas o ansiedades acerca de mi futuro. Cuando le entrego mi vida completamente a Él, no queda nada más para que yo me preocupe o inquiete. Es la sensación más liberadora imaginable.

Requerirás de una Caja más Grande

A menudo separamos mentalmente nuestra vida espiritual de otros intereses más "naturales". Ponemos a

Dios en una pequeña cajita: unos cuantos minutos cada mañana, tal vez algunas oraciones rápidas durante la semana, e ir a la iglesia el domingo.

No obstante, Dios no entra en nuestra pequeña cajita. Eso no es ni siquiera realista. Él está en todas partes, todo el tiempo. No podemos compartimentar nuestra relación con Dios, limitándolo a ciertos tiempos y espacios.

Cada aspecto de nuestra vida está destinado a girar en torno a Él. Cada detalle—sin importar cuán "espiritual" o "práctico"—está cumpliendo el propósito de Dios en la tierra. Eso incluye a la familia, vocación, ministerio, salud, y finanzas. Colosenses 3:23 dice, "Trabajen de buena gana en todo lo que hagan, como si fuera para el Señor y no para la gente".

Como creyente, Dios vive dentro de ti y quiere estar íntimamente involucrado en cada detalle y decisión. Él no quiere ser el Señor de tus oraciones y sólo un pensamiento póstumo por el resto del día. Él quiere tu atención completa puesta sobre Él.

El Éxito Empieza Aquí

Dios desea involucrarse íntimamente contigo porque Él quiere que tú tengas éxito. Él quiere guiarte en tus pasos y conducirte hacia un lugar de paz y realización. Quiere apartarte del maligno y abrirte puertas de oportunidad. Quiere revelarse ante ti. Quiere darte la sabiduría que necesitas para cada situación. Quiere mostrarte todo lo que tiene para ti y empaparte con Su favor. La Biblia dice en Proverbios 16:3, "Pon todo lo que hagas en manos del Señor, y tus planes tendrán éxito".

Somos administradores de los recursos que Dios nos ha confiado, y somos responsables por el trayecto que sigan nuestras vidas. Es por eso que necesitamos la ayuda de Dios en todo lo que hagamos. Proverbios 3:5-6 dice, "Confía en el Señor con todo tu corazón; no dependas de tu propio entendimiento. Busca su voluntad en todo lo que hagas, y él te mostrará cuál camino tomar".

Este es un pasaje famoso de las Escrituras, y con razón. Muy a menudo, simplemente nos lanzamos a la vida y tratamos lo mejor que podemos de hacer que las cosas funcionen, pero no nos detenemos lo suficiente para involucrar a Dios en los detalles. Dios añora estar presente en cada parte de nuestra vida.

Una persona que realizó la Experiencia de Adoración de 40 Días, una joven llamada Ericka, escribió esto: "Dios ha dejado de ser alguien a quien llamo sólo cuando lo necesito, Él es ahora con quien camino, lado a lado, mientras que hago absolutamente todo... Comenzar cada día con esta conexión vital ha aumentado mi hambre e intimidad con mi Salvador. Él es mi línea de vida, mi fuente".

Comúnmente, la gente sólo recuerda involucrar a Dios durante momentos trágicos o difíciles. En esos momentos, súbitamente se dan cuenta de que necesitan acudir a una fuente exterior a ellos mismo. Mientras que Dios es amable y se deleita en ayudarnos, si lo buscamos sólo cuando necesitamos ser rescatados, nos estamos perdiendo de muchos otros maravillosos momentos que podríamos pasar con Él durante las no emergencias. Nos perdemos del beneficio de Su sabiduría, ideas creativas, y dirección proactiva.

Cuando Dios te creó, Él previó una amistad continua. Él te diseñó con una necesidad de compartir tu vida con otros, y ese fue el comienzo de compartir tu vida con Él. No esperes hasta que tus planes colapsen para pedir ayuda—crea tus estrategias y construye tu futuro basado en una constante comunión con el Señor.

Esta interacción abierta con Dios fue una de las cosas que más le llamaron la atención a Elizabeth, otra de las estudiantes en mi clase de oración. Ella escribió al final de su experiencia: "Pasé más tiempo al día en comunicación con Dios. Nunca me había dado cuenta de lo poco que hablaba con Dios. Al estar comenzando y terminando mi día con Él, se volvió más fácil pasar el resto del día con Él también".

Durante los próximos cuarenta días, te animo a que consciente y deliberadamente dediques todo lo que haces a Dios. Empieza por abrir un diálogo continuo con el Espíritu Santo, y espera a que Él te guíe en el resto del día. Tu tiempo a solas con Él por las

> TU TIEMPO A SOLAS CON ÉL POR LAS MAÑANAS ES UNA PISTA DE LANZAMIENTO PARA PASAR EL RESTO DEL DÍA INMERSO EN SU PRESENCIA.

mañanas es una pista de lanzamiento para pasar el resto del día inmerso en Su presencia.

Por cierto, no hay nada "raro" en permitirle al Espíritu Santo dirigir tus pasos. No estoy hablando de que una voz del cielo te diga qué ropa ponerte por las mañanas o que un ángel te cocine tu desayuno. Mientras que por ocasiones Dios puede detenernos en seco con una voz específica, clara, y casi audible, Él nos guía primero y antes que nada por medio de Su Palabra. La Biblia moldea nuestra integridad, valores, sabiduría, y consciencia. Entonces el Espíritu Santo hace que la Palabra cobre vida en nuestro día a día, aplicando los principios de la Palabra en cada situación.

> IMAGÍNATE QUE ÉL ESTÁ JUSTO AHÍ CONTIGO—PUESTO QUE LO ESTÁ.

Ser conducido por el Espíritu quiere decir permitirle a Él que revise nuestros pensamientos, palabras, y decisiones y los mantenga en línea con la Palabra. Implica mantenerse alerta a ese sentido interno de paz que nos indica cuando estamos viviendo con la consciencia tranquila de una forma que complace a Dios.

No es extraño sostener un diálogo con tu Creador momento a momento. Empieza por preguntarle cosas a Dios durante el día. Involúcralo en las pequeñas cosas de tu vida. Imagínate que Él está justo ahí contigo—puesto que lo está.

Estoy convencido de que Dios añora experimentar lo detalles de nuestra vida con nosotros: lo bueno y lo malo, lo atemorizante y lo gracioso, lo importante y lo trivial. Nada es demasiado pequeño para que Él esté involucrado, pero tenemos que invitarlo.

Apóyate y Suelta

La dedicación empieza por confiar en Dios y aprender cómo apoyarnos en Él. Confiar es algo hermoso, pero por pasadas experiencias, muchas personas encuentran complicado confiar completamente en quien sea. Han aprendido por las malas que la gente puede ser voluble, egoísta, y cruel, y que todo el mundo tiene que cuidarse a sí mismo por encima de todo.

Dios, no obstante, no es infiel ni egoísta, como los humanos a menudo somos. Él es totalmente digno de confianza. Él nunca nos decepcionará. Sin importar cuáles hayan sido nuestras experiencias, debemos aprender a confiar en Dios con todo el corazón.

Isaías 26:3 dice, " Tú guardarás en completa paz a aquel cuyo pensamiento en ti persevera, porque en ti ha confiado" (RVR1960). En hebreo, la palabra para "persevera" en este pasaje significa "apoyarse en o sobre algo; sostener; tomarse de algo" (Strong). Debemos aprender a apoyarnos en Dios. En la medida que lo hagamos, Él nos mantendrá en Su perfecta paz.

Pablo nos anima en Filipenses 4:6-7 a que nos apoyemos en Dios y a que dejemos ir la preocupación: "No se preocupen por nada; en cambio, oren por todo. Díganle a Dios lo que necesitan y denle gracias por todo lo que él ha hecho. Así experimentarán la paz de Dios, que supera todo lo que podemos entender. La paz de Dios cuidará su corazón y su mente mientras vivan en Cristo Jesús".

No obstante, seguir a Dios cada momento de cada día no sucede automáticamente. Requiere de intencionalidad. Por los próximos cuarenta días, a medida que entres en cada nuevo día, realiza una oración de dedicación al Señor. Invítalo a liderarte y guiarte. Pídele que te ayude. Encontrarás a tu corazón volviéndose cada vez más consciente y sensible de Su presencia.

> ES TIEMPO DE ENTERRAR EN EL PASADO TODO LO QUE PUDO HABER SIDO O DEBIÓ HABER SIDO.

Nuestro objetivo es volvernos interdependientes del Señor. No se trata de hacer que Dios nos ayude a hacer lo que queramos; más bien, se trata de descubrir Sus hermosos planes para nosotros y cumplirlos mano a mano con Él. Se trata de caminar en auténtico seguimiento de nuestro Padre celestial mientras que Él cumple Su voluntad dentro y a través de nosotros. Recuerda, nuestras vidas no nos pertenecen más. Las hemos entregado a Dios.

Si miramos a nuestro pasado, podemos muy seguramente recordar las decisiones que hemos tomado donde no involucramos el liderazgo del Señor. Haz un inventario honesto: ¿cómo esas decisiones repercutieron para ti? ¿Cuál fue el resultado al largo plazo de haber ido por ese camino? ¿Hay cosas que hayas realizado a tu modo—en oposición al camino de Dios—y que ahora puedas darte cuenta de que eran malas decisiones?

Esto no se trata de hacer un ejercicio para desalentarte, sólo un simple recordatorio de que necesitamos el involucramiento de Dios en nuestras decisiones. Por supuesto, Su gracia es tan asombrosa que Él es capaz de usar incluso nuestros errores para traernos bendiciones. A menudo nos guía incluso cuando ignoramos—o resistimos—Su presencia. Pero es muchísimo mejor darle completo acceso y control total para liderarnos hacia Su paz y abundancia.

Pablo nos dice en Filipenses 3:13-14 que nos olvidemos de aquellas cosas que quedan atrás y que prosigamos a todas las cosas nuevas que Dios nos tiene guardadas. Es tiempo de enterrar en el pasado todo lo que pudo haber sido o debió haber sido. A partir de hoy en adelante, decídete a invitar al Señor a liderarte en todo lo que hagas.

Vivir con Dios liderando el camino es la más emocionante aventura que existe. Nunca más estaremos solos. Nunca más tendremos que presionarnos con tener que resolverlo todo por nuestra cuenta.

Habrá lecciones duras, por supuesto—la vida no siempre es fácil. Y nos enfrentaremos a elecciones complejas y decisiones difíciles. La diferencia es que seremos continuamente conscientes de la presencia e involucramiento de Dios. Sin importar las circunstancias que enfrentemos, sabremos que Dios está de nuestro lado y que

Él está para ahí para nosotros.

Dios siempre ha estado ahí para nosotros—seguido simplemente no estamos conscientes de Él. Cuando le dedicamos el día a Él y buscamos Su guía, escuchamos diferente y vemos distinto. Nos ponemos al tanto de Su constante involucramiento en nuestras actividades cotidianas. Puede que esté detrás de bambalinas, pero Él nunca deja de obrar de nuestro lado.

En vez de ver cierta situación como negativa o aterradora, ahora vemos el propósito de Dios en ella. Donde previamente hubiéramos reaccionado por nuestra cuenta y simplemente agravado la situación, ahora somos capaces de responder calmada y sabiamente.

José, en el libro del Génesis, ejemplifica esta confianza en el Señor. Cuando era un hombre joven, sus hermanos lo vendieron por celos como esclavo. Fue llevado entonces en esclavitud a Egipto, donde prontamente se distinguió gracias a su sabiduría y efectividad. Pero, posteriormente, fue falsamente acusado de haber intentado violar a la esposa del amo, y lo enviaron a prisión. Preso, comenzó a ser respetado por su sabiduría y ética laboral, incluso interpretó los sueños de un compañero prisionero, el cual fue subsecuentemente liberado justo como José había predicho. Aquel hombre prometió ayudar a José cuando saliera, pero se olvidó de ello. Con el tiempo, Dios creó un camino para que José fuese liberado, y después de poco tiempo, el Faraón lo promovió a segundo al mando de todo Egipto.

Es difícil imaginar una travesía con más altibajos en

la vida. Aun así, José dedicó todo lo que hizo a Dios, y encontró Su favor en medio de circunstancias complejas. Debido a su caminar cercano con Dios, mantuvo sensible su corazón y dulce su espíritu, así como su integridad, fe, y sabiduría. En lugar de reaccionar negativamente, él continuamente encontró fuerza en Dios.

> DIOS ESTARÁ CON NOSOTROS PASE LO QUE PASE.

Cuando se reunió con sus hermanos y tenía la posibilidad de vengarse, dijo estas famosas palabras: "Ustedes se propusieron hacerme mal, pero Dios dispuso todo para bien. Él me puso en este cargo para que yo pudiera salvar la vida de muchas personas" (Génesis 50:20). Su respuesta demostró que había mantenido su corazón en la postura correcta a través de todos aquellos años tan difíciles.

Cuando le dedicamos cada momento al Señor, confiamos en Él para que guíe nuestros pasos. No todas las cosas que atravesaremos serán placenteras en el momento, pero nosotros sabemos esto—Dios estará con nosotros pase lo que pase. Las palabras de despedida de Jesús cuando ascendió al cielo fueron, " Y tengan por seguro esto: que estoy con ustedes siempre, hasta el fin de los tiempos" (Mateo 28:20). Las situaciones complicadas no son una señal de que Dios nos ha abandonado. Por el contrario, son una oportunidad para que nos apoyemos aún con más peso en Él.

El miedo, ansiedad, y estrés son indicadores de que

nos estamos apoyando en nuestra propia fuerza y no confiando en Dios. Para mí, la Escritura más reconfortante en el libro de los Salmos se encuentra en Salmo 46:1. "Dios es nuestro refugio y nuestra fuerza; siempre está dispuesto a ayudar en tiempos de dificultad". Durante la prueba más difícil de mi vida, esta verdad se convirtió en el ancla de mi alma.

Hace miles de años, el Rey Josafat, uno de los reyes de Israel, estaba enfrentándose al ataque de tres ejércitos (2 Crónicas 20), y estaba aterrado. Buscó a Dios por ayuda, antes que apoyarse en su propia lógica y planes. Dios le dio una clara estrategia y lo libró de sus enemigos.

Dios hará esto por nosotros también. Cuando llamamos por Él, Él siempre está ahí. Proverbios 18:10 dice, "El nombre del Señor es una fortaleza firme; los justos corren a él y quedan a salvo".

¿Cómo reaccionas cuando te enfrentas a probabilidades bajísimas o a resistencias inesperadas? ¿Te apoyas en Dios, o en tu propia habilidad y sabiduría?

Por los siguientes cuarenta días, empieza a construir el hábito de dedicarle las pequeñas cosas, las grandes cosas, y todas las cosas a Dios.

DEDÍCATE

Si eres como yo, resulta muy sencillo lanzarse a la jornada sin tomarse un minuto para dedicárselo al Señor y para pedirle Su ayuda. El punto de este capítulo es desacelerar, tomar un respiro, y entregarle tu día a Dios antes de que siquiera empiece.

Como sabemos bien, cada día nos presenta retos únicos, pruebas, aventuras, y tentaciones. Mientras busques al Señor primero, comenzarás a ver cómo Él está ordenando tu vida. Él ya cuenta con un plan para ti: sólo necesitas discernir Su dirección y subir a bordo.

La gente regularmente me dice que los días en que se reúnen con el Señor proceden mucho mejor que aquellos en los que no. Eso no quiere decir que su tiempo con el Señor los mantenga alejados de enfrentar dificultades; más bien, quiere decir que están mejor equipados para enfrentar esas dificultades.

Inicia cada día con una oración para dedicarle

todo lo que hagas al Señor y para invitarlo a ayudarte. Continúa este diálogo con Él durante el día. Dios está interesado en cada detalle de ti vida. Sé consciente de que Dios está contigo a cada momento. Disfruta de Su cercanía, relájate en Su fuerza, y vive cada día repleto de Su abundante vida.

Preguntas de Reflexión

Tómate unos momentos para hacer esta oración, luego responde a las siguientes preguntas.

"Jesús, dedico este día a estar contigo. Estoy emocionado de caminar contigo hacia todo lo que tienes para mi vida. Estoy agradecido de que estés usándome para extender Tu Reino. Oro para que mis ojos y oídos estén abiertos a lo que estás haciendo hoy. Estoy agradecido de que puedo caminar contigo cada día. Ayúdame a discernir cuando estoy en Tu camino y a dirigir mi corazón de vuelta a lo que Tú estás haciendo. Mi pasión es conocerte y caminar contigo".

1. ¿Has estado en situaciones en el pasado en las cuales no te apoyaste en el liderazgo del Señor o no pediste Su ayuda? ¿Cómo resultó?

2. Haz una lista de los beneficios que recibes cuando dedicas tu día a Dios.

3. Lee Proverbios 3:5-6. ¿Cómo se relaciona la confianza con dedicarle tu día al Señor? Comparte algunos de los desafíos a los que te has enfrentado al confiar en el Señor. ¿Por qué a veces es difícil?

   Confía en el Señor con todo tu corazón; no dependas de tu propio entendimiento. Busca su voluntad en todo lo que hagas, y él te mostrará cuál camino tomar. (Proverbios 3:5-6)

4. Lee Salmo 37:23-24 en voz alta. ¿Qué significa para ti este pasaje?

   El Señor dirige los pasos de los justos; se deleita en cada detalle de su vida. Aunque tropiecen, nunca caerán, porque el Señor los sostiene de la mano. (Salmo 37:23-24)

1. ¿Cuáles han sido algunos de los retos a los que te has enfrentado durante la Experiencia de Adoración de 40 Días?

2. ¿Qué está sucediendo en tu corazón, y qué está diciéndote Dios?

3. ¿Qué cambios ves ocurriendo en tu vida?

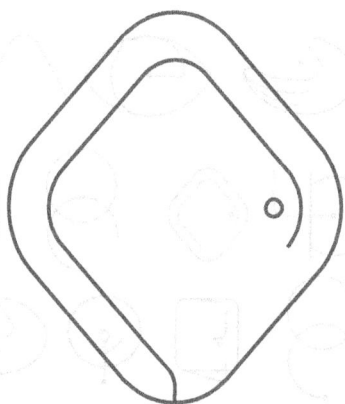

ESCUCHA

ESCUCHA

Detente y permite que Dios te hable.

Escúchenme; escuchen y presten mucha atención (Isaías 28:23).

"A través de este desafío, he aprendido que soy mucho más activa de lo que me daba cuenta", escribió Nikki, una joven mujer que hizo el desafío hace algunos años. "Tengo una mente ocupada y una vida ocupada. Siempre estoy moviéndome, creando, pensando, aprendiendo, o hablando, pero no me doy cuenta hasta que me siento y trato de aquietar mi alma. Se ha convertido en una de las partes más valiosas de mi día—aunque no en la más sencilla".

No podría estar más de acuerdo. Escuchar no es fácil, especialmente para algunos de nosotros. Pero es esencial en cada relación exitosa. Y cuando se trata de nuestro caminar con Dios, escuchar es esencial.

Una Voz Apacible y Delicada

El profeta Elías temía por su vida y estaba enojado con Dios por haberlo abandonado. Elías acababa de ser usado por Dios para traer una gran victoria contra los falsos profetas de Jezabel, la reina malvada de Israel y enemiga de Dios. Ahora, Jezabel había jurado matarlo en venganza. Él se fue al desierto y oró por morir.

Dios no reprendió a Elías por su autolástima o sus conflictos emocionales. Él entendió la reacción de Elías y respondió con gracia: mandó un ángel con comida y agua. Luego le dijo a Elías que fuera a la montaña a encontrarse con Dios. Leemos en 1 Reyes 19:11-13 (RVR1960):

> Y he aquí Jehová que pasaba, y un grande y poderoso viento que rompía los montes, y quebraba las peñas delante de Jehová; pero Jehová no estaba en el viento. Y tras el viento un terremoto; pero Jehová no estaba en el terremoto. Y tras el terremoto un fuego; pero Jehová no estaba en el fuego. Y tras el fuego un silbo apacible y delicado. Y cuando lo oyó Elías, cubrió su rostro con su manto, y salió, y se puso a la puerta de la cueva. Y he aquí vino a él una voz, diciendo...

A menudo deseamos que Dios nos hablara con truenos y rayos, o que una voz del cielo nos gritara instrucciones.

Si eso realmente pasara, por supuesto, probablemente nos desmayaríamos.

Dios sí nos habla, pero a menudo no estamos escuchando; o tal vez estamos confundidos, preguntándonos si Dios nos está hablando realmente o no. Debemos aprender a escuchar la voz "apacible y delicada" del Espíritu Santo en nuestro corazón.

A medida que los pensamientos entran en nuestra mente—la puerta de entrada a nuestro corazón—deberíamos de preguntarle al Espíritu Santo quién está hablando. Nuestra mente procesa miles de pensamientos al día, y no todos provienen de Dios.

> DEBEMOS APRENDER A ESCUCHAR LA VOZ APACIBLE Y DELICADA DEL ESPÍRITU SANTO EN NUESTRO CORAZÓN.

Previamente, hablé sobre tres fuentes de pensamientos destructivos: nuestra carne, el mundo, y el diablo. Nuestra *carne*, en la definición bíblica de la palabra, es la antigua y precristiana manera de pensar y reaccionar que trata de escabullirse de vuelta en nuestra vida. Los pensamientos carnales son descritos en Gálatas como "las pasiones y los deseos de la naturaleza pecaminosa" (Gálatas 5:24). Estos pensamientos usualmente se caracterizan por el egoísmo y una falta de autocontrol.

Los pensamientos de este mundo también compiten por nuestra atención. Cada cultura tiene ciertas filosofías, creencias, y valores que contradicen la Palabra de Dios.

No todo lo que nuestra cultura enseña está mal, claro, pero cuando la Biblia se refiere al "mundo" en este sentido, habla en particular de estas creencias antibíblicas.

Y, por supuesto, *el mundo invisible*—la influencia demoníaca operando desde el diablo—activamente se dirige a nuestra mente y emociones. Estos pensamientos son intencionalmente engañosos, y su propósito es hacer que lo bueno se vea como malo y lo malo, bueno.

Todos los pensamientos son esencialmente voces. No son azarosas, pasivas, reflexiones—toman una vida propia. Nos hablan, nos influencia, y están dirigidas a nosotros. Se enraízan en nuestro corazón, en la constitución misma de nuestro ser, y sutilmente influencian todo lo que hacemos.

Sé lo que es estar plagado con ciertos pensamientos y emociones. Probablemente tú lo sabes también. Parecen estar entretejidos a nuestro contexto y personalidad. Es como si alguien conociera nuestras debilidades y estuviera tomando cada oportunidad para atacarlas, esperando derribarnos.

De hecho, eso es exactamente lo que está sucediendo. La carne, el sistema mundial, y el mundo invisible son tres voces que constantemente nos gritan en un intento por alejarnos de la presencia de Dios y, ultimadamente, de Su plan para nuestra vida.

Aun así, a pesar del ruido, si estamos escuchando podemos siempre alcanzar a oír la voz apacible y delicada de Dios.

Debemos aprender a revisar los pensamientos que entran a nuestra mente y distinguir los pensamientos de Dios de aquellos que le compiten. Esto requiere de práctica y de la ayuda del Espíritu Santo. Dios quiere enseñarnos cómo afinar nuestro corazón, el cual recibe, para escuchar lo que Él tiene que decir. Jesús dijo, "Mis ovejas escuchan mi voz; yo las conozco, y ellas me siguen" (Juan 10:27).

"La voz de Dios" es la conversación que el Espíritu Santo tiene con nuestro corazón: nuestra mente, voluntad, y emociones. La voz de Dios le habla a nuestro corazón sobre las cosas que atañen a la vida y a la devoción, iluminando Su Palabra dentro de nosotros.

Samuel era sólo un chico sirviendo en el templo cuando tuvo su primera lección sobre entonar su oído a la voz de Dios. La Biblia dice, "Samuel todavía no conocía al Señor, porque nunca antes había recibido un mensaje de él" (1 Samuel 3:7). Una noche, cuando todos se encontraban ya dormidos, él fue despertado por una voz llamando su nombre. Asumió que era su mentor, Elí, el sacerdote, y corrió para ver qué era lo que necesitaba. Esto pasó tres veces y, finalmente, Elí se percató

> A PESAR DEL RUIDO, SI ESTAMOS ESCUCHANDO PODEMOS SIEMPRE ALCANZAR A OÍR LA VOZ APACIBLE Y DELICADA DE DIOS.

de que era Dios llamando a Samuel. Elí le dijo a Samuel que le respondiera a Dios diciéndole, "Habla, Señor, que tu siervo escucha" (1 Samuel 3:9).

Samuel tuvo que entrenar su oído espiritual para escuchar la voz de Dios, y lo mismo debemos hacer nosotros. Esto no ocurre automáticamente. Cuando los bebés nacen, son a penas capaces de distinguir las voces de sus padres, pero eso es todo. Pronto, no obstante, comienzan a entender tonos e inflexiones. Con el tiempo, comprenden palabras; y, al final, a medida que crecen, son capaces de sostener conversaciones. De la misma forma, nuestros sentidos espirituales deben desarrollarse para que podamos conscientemente escuchar y entender la voz del Espíritu.

No te frustres si a veces no escuchas la voz de Dios o no estás seguro de lo que Él está diciéndote. Se volverá más fácil a medida que desarrollas una relación más profunda con Él. El simple hecho de que desees escuchar Su voz—que estés diciendo, "Señor, háblame, estoy escuchando"—le alegra.

Querer escuchar a Dios es el primer paso en aprender a discernir Su voz. Cuando Samuel se dio cuenta de quien estaba hablándole y voluntariamente volcó su atención a Dios, fue capaz de escuchar el mensaje que Dios tenía para él.

Dios quiere hablarnos—Él está esperando a que nosotros queramos escuchar. Él le dijo a Jeremías, "Clama a mí, y yo te responderé, y te enseñaré cosas grandes y ocultas que tú no conoces" (Jeremías 33:3, RVR1960).

Santiago dice, "Acérquense a Dios, y Dios se acercará a ustedes" (Santiago 4:8). Dios quiere que nos apasionemos acerca de Su presencia, como lo estuvo David: "Como el ciervo anhela las corrientes de las aguas, así te anhelo a ti, oh Dios" (Salmo 42:1).

Escuchar y Conocer

Mantén en mente que escuchar a Dios hablar no es un fin en sí mismo, sino más bien el medio para un fin. Nuestro objetivo es conocer a Dios, tener una relación con Él. Escuchar y oír es el camino para conocerlo mejor. Este aspecto de una relación con Dios es una marca distintiva del cristianismo.

Pablo declara en Filipenses 3:10, "Quiero conocer a Cristo". Conocer a Dios era Su más alta búsqueda. La palabra griega "conocer", *ginosko*, re refiere a más que al conocimiento intelectual—habla del conocimiento por la experiencia o por una relación cercana. Pablo no quería sólo *saber de* Dios. Quería una *auténtica amistad con Él*. Este tipo de conocimiento proviene de una constante comunicación.

Una constante comunicación será tanto planificada como espontánea. Las relaciones humanas también funcionan de esta forma. A veces agendamos tiempo para hablar con las personas, y a veces tenemos conversaciones informales y espontáneas. De la misma manera, si realmente estamos escuchando a Dios, se prolongará de nuestro tiempo devocional al resto de nuestro día. Puede que estemos conduciendo, hablando con alguien, llevando a los niños a la escuela, o disfrutando de unas vacaciones, cuando súbitamente nos encontraremos en comunicación interna con Dios.

> TÓMATE UNA PAUSA, ENCUENTRA UN LUGAR SILENCIOSO Y PASA UN RATO A SOLAS CON DIOS.

Escuchar es más una postura del corazón que un acto de una sola ocasión. Si tenemos un corazón que escucha, lo escucharemos a Él cuando nos hable. Entre más practiquemos escuchar Su voz durante nuestro tiempo devocional, más fácil se volverá escucharlo cuando Él quiere llamar nuestra atención en otros momentos a lo largo del día, incluso cuando menos lo esperemos.

Desconectarse para Conectarse

A menudo nos ocupamos tanto y andamos tan apurados en la vida o tan preocupados con asuntos naturales que no podemos oír con claridad la voz del Espíritu Santo. Uno de los pasos más importantes para escuchar la voz del Señor es simplemente prestar atención. Es disminuir nuestra velocidad, desconectar nuestras distracciones, y conectarnos con lo que Dios está diciendo.

Recuerda, el diablo, la carne, y el mundo intentarán

"inhibir las frecuencias" manteniéndonos ocupados, comprometidos con el pecado, distraídos con miedos y ansiedades, o decaídos con culpa y vergüenza. El enemigo de nuestra alma no quiere que experimentemos la dicha de caminar en una profunda e íntima comunión con Dios.

Incluso las cosas buenas como la familia, educación, trabajo, y metas pueden comenzar a estorbar en nuestra relación con Dios si no somos cuidadosos. Dios advirtió a la iglesia en Éfeso que su amor se había enfriado (Apocalipsis 2). Con el tiempo, había dejado de lado su pasión por Dios. No eran malvados y no estaban viviendo en el pecado—simplemente habían comenzado a distanciarse de Dios.

Lo primero que recomiendo hacer es parar. Detén todo. Bájate de la caminadora de la vida. Tómate una pausa, encuentra un lugar silencioso y pasa un rato a solas con Dios.

La Experiencia de Adoración de 40 Días nos otorga este tiempo por la mañana para "desconectarnos" y "conectarnos". Desconectarnos de las ocupaciones y conectarnos a la paz. Desconectarnos de la tentación y conectarnos a la gracia. Desconectarnos de la condenación y conectarnos al perdón. Desconectarnos del miedo y conectar a la fe.

Samuel escuchaba en las horas de silencio, cuando la mayor parte de la gente dormía. Jesús se levantaba temprano, antes de que rompiera el alba, y se reunía con el Padre (Marcos 1:35). El lugar a donde Jesús iba era llamado un lugar solitario—un lugar silencioso y tranquilo. Incluso Pedro no sabía a dónde se había ido Jesús y tuvo que ir a buscarlo (Marcos 1:36). Antes del ajetreo y trajín de la vida y de que comiencen todos los quehaceres diarios, debemos pasar tiempo a solas con el Señor.

Todas Estas Cosas

Mateo 6:33 dice, "Busquen primeramente el reino de Dios y su justicia, y todas estas cosas les serán añadidas" (NVI). Prepárate, porque a medida que escuches a Dios por medio de Su Palabra y Su Espíritu cada día, Él añadirá bendición sobre bendición en tu vida (Salmo 1:2-3).

¿Cuáles son estas bendiciones? Una de las más grandes bendiciones que Dios añade es *la paz*. A medida que escuchemos diariamente a Dios, nuestro mundo interior comenzará a calmarse. Nuestras circunstancias puede que no cambien en un inicio, pero encontraremos paz y gozo sólo sentándonos a Sus pies, escuchando, como María hizo. La paz de Dios equivaldrá a una protección alrededor de nuestro corazón y mente (Filipenses 4:7). Esta paz sobrenatural es la presencia de Dios llenando nuestro corazón. La paz es una parte del Reino de Dios, y no podemos prosperar sin ella. En ausencia de paz, la ansiedad y el miedo ganan acceso a nuestro corazón.

Otra bendición que llega cuando escuchamos a Dios es *una más profunda consciencia de Su amor por nosotros*. Su amor incondicional es el único amor que puede llenar el vacío en nuestros corazones. Somos el objeto de Su amor, y darnos cuenta de eso nos da la fuerza para enfrentar cualquier reto u obstáculo a lo largo del día. Nuestra autoestima e identidad personal no están definidas por nuestras relaciones y valores mundanos, sino por el hecho de que Dios nos ama.

Una tercera bendición que llega de escuchar a Dios es *un entendimiento sobrenatural de la Biblia.* La Palabra de Dios cobrará vida y les hablará a nuestros corazones de una nueva forma. Las Escrituras nos llegarán a la mente a lo largo del día, justo cuando las necesitamos. Esto puede ser para corregir, guiar, enseñar, aconsejar—lo que sea que necesitemos.

> PUEDE LOGRAR MÁS EN UN MOMENTO DE INTERVENCIÓN DIVINA QUE LO QUE NOSOTROS PODEMOS LOGRAR POR NUESTRA CUENTA EN TODA UNA VIDA DE LUCHA Y ESFUERZO.

Cuarto, escuchar a Dios diariamente nos trae transformación de carácter. El poder creativo del Espíritu Santo trabaja en nosotros para producir la voluntad de Dios. La voz del Espíritu produce el fruto del Espíritu (Gálatas 5:22-23).

Una quinta bendición que recibimos por medio de escuchar es *una mente renovada.* El desorden que han estado en nuestros corazones se aclara. El ruido desaparece y los pensamientos de Dios fluyen en nuestras mentes. Podemos disfrutar de la mente de Cristo.

Sexto, escuchar a Dios *libera los dones del Espíritu* (1 Corintios 12:7-11). Cuando estamos atentos a Su voz, Dios obra en nosotros y a través de nosotros de formas sobrenaturales. Puede lograr más en un momento de intervención divina que lo que nosotros podemos lograr por nuestra cuenta en toda una vida de lucha y esfuerzo. Caminar con Dios es una emocionante aventura, y escucharlo es clave para caminar con Él.

Finalmente, escuchar a Dios *nos permite recibir dirección de Él en nuestro día a día.* Nuestras decisiones, valores, palabras, y acciones siempre serán mejores cuando permitamos que Él nos guíe.

Una recomendación final: mientras escuches a Dios durante la Experiencia de Adoración de 40 Días, prepárate para escribir lo que Él le hable a tu corazón. Esto puede incluir versículos, acciones, pensamientos, impresiones, imágenes, frases, y demás. Querrás recordar lo que Dios te diga para ponerlo en práctica durante el resto del día.

ESCUCHA

Resumen del Capítulo

Este capítulo describe la importancia de escuchar lo que Dios está diciendo. Escuchar requiere de esfuerzo de nuestra parte. He oído que tenemos entre 20,000 y 60,000 pensamientos al día. Esa es mucha información considerando que sólo hay 86,400 segundos en un día. En medio de esta vorágine de información y análisis, debemos aprender a escuchar la voz de Dios.

Resulta vital que discernamos la voz de Dios de otras voces que entran en nuestras mentes. Jesús dijo, "Mis ovejas escuchan mi voz" (Juan 10:27). La Experiencia de Adoración de 40 Días es una oportunidad de cultivar un oído que escucha y reconoce la voz de Dios.

Esto comienza en las mañanas mientras que entregamos nuestra vida y voluntad a nuestro Creador, el amante de nuestra alma. Cuando respondemos a Su amor y piedad, nuestros corazones se entonan en una frecuencia divina. Nos volvemos más receptivos al

Espíritu Santo, el cual nos trae a la mente la Palabra de Dios y nos da pensamientos relacionados con ese día: una persona a quien llamar, algo que no debemos olvidar, una advertencia, una convicción, etc.

Recuerda, tu mente es la fuente de tus decisiones y acciones. Esa es la razón por la cual aquello que piensas es tan importante. Aprende a escuchar la voz "apacible y delicada" de Dios y a ignorar todas las otras voces. Estos pensamientos relacionados con Dios te guiarán hacia la justicia, paz, y gozo.

Preguntas de Reflexión

Tómate unos momentos para hacer esta oración, luego responde a las siguientes preguntas.

"Jesús, deseo escuchar Tu apacible y delicada voz. Ayúdame a acallar mi corazón de manera que pueda escucharte claramente. Déjame estar atento a Tu Palabra y al tanto de lo que el Espíritu Santo está diciendo. A lo largo del día, recuérdame pausar y reenfocar mi atención en Ti. Vuelve a mi corazón sensible a Tu voz, capaz de discernir y rechazar las voces negativas que escucho. Déjame ser más y más consciente de Tu Presencia. ¡Escucharte es el deseo de mi corazón!".

1. ¿Has notado una diferencia en tu habilidad para escuchar la voz de Dios desde el inicio de la Experiencia de Adoración de 40 Días? ¿De qué manera?

2. ¿Hay cualquier cosa interfiriendo en tu capacidad para escuchar la voz de Dios? ¿Cómo podrías volverte más consciente de lo que Él está diciendo?

3. Identifica a los tres enemigos que compiten por tus pensamientos. ¿Cómo afectan tu vida mental?

4. Lee 2 Corintios 10:3-5. ¿Qué significa para ti?

    Somos humanos, pero no luchamos como lo hacen los humanos. Usamos las armas poderosas de Dios, no las del mundo, para derribar las fortalezas del razonamiento humano y para destruir argumentos falsos. Destruimos todo obstáculo de arrogancia que impide que la gente conozca a Dios. Capturamos los pensamientos rebeldes y enseñamos a las personas a obedecer a Cristo. (2 Corintios 10:3-5)

1.   ¿Cuáles han sido algunos de los retos a los que te has enfrentado durante la Experiencia de Adoración de 40 Días?

2.   ¿Qué está sucediendo en tu corazón, y qué está diciéndote Dios?

3.   ¿Qué cambios ves ocurriendo en tu vida?

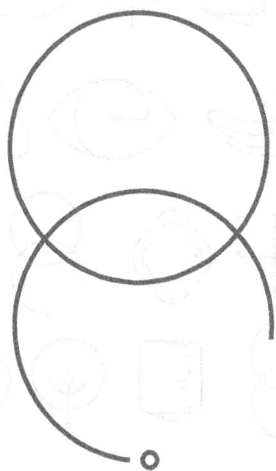

OBEDECE

153

OBEDECE

**Responde con fe
a las indicaciones específicas de Dios.**

*Enséñame tus decretos, oh Señor; los cumpliré hasta el fin.
Dame entendimiento y obedeceré tus enseñanzas; las pondré en práctica con todo mi corazón (Salmo 119:33-34).*

Una vez que disciernes la voz de Dios, el paso siguiente es obedecerla. Dios le habló a Abraham y le dijo que partiera en una travesía sin destino conocido. Abraham respondió con fe e hizo lo que le fue instruido. Como resultado, la Biblia lo llama el padre de todos cuantos creen (Romanos 4:16). En otra ocasión, Dios le dijo que sacrificara la vida de su amado hijo, Isaac (Génesis 22). Abraham de nuevo demostró su fe por medio de estar dispuesto a obedecer, aunque Dios estaba sólo probándolo y lo detuvo antes de llevar a cabo el sacrificio. La fe de Abraham es visible en su obediencia ante la voz de Dios.

Intimidad y Fe

La fe es nuestra respuesta ante la palabra de Dios para nosotros. Como Abraham, demostramos nuestra fe cada vez que obedecemos a Dios.

La fe es mucho más que poder de voluntad, no obstante. La fe es un resultado directo de la intimidad con Dios. Entre más cerca de Él caminemos, más crecerá nuestra fe. Conocer mejor a Dios nos lleva a confiar en Él. Si nos encontramos faltos de fe, la respuesta no es intentar más fuerte—es acercarnos a Dios y conocerlo mejor.

A medida que entregamos nuestro corazón para que Él nos guíe, escucharemos Su voz más y más claramente. Aprende a escuchar las pequeñas invitaciones de Dios y respóndele con fe. Esta es la más grande aventura imaginable—una vida dirigida por Dios.

Caminar en el Espíritu

Al tiempo que conocemos mejor a Dios, nuestro deseo de complacerlo crece. Añoramos un estilo de vida caracterizado por la pureza y la santidad. Pero la realidad es que todavía tenemos tendencias pecaminosas, y a menudo nos hallamos haciendo lo opuesto de lo que queremos.

Como acabamos de notar en el tema de la fe, la solución para vivir en pureza y santidad no es intentar con más fuerza. Eso sólo genera santurronería y orgullo al comienzo, y ultimadamente condenación y culpa cuando nos percatamos de que no podemos estar a la altura.

La mejor manera de perseguir la santidad es concentrarnos en seguir a Dios, no en derrotar al pecado. Por medio de Jesús, Dios ya nos ha liberado tanto del castigo como del poder del pecado. El pecado simplemente no es un problema tan grande como tendemos a pensar. La pureza y la rectitud serán un resultado natural de seguir a Dios. No tenemos que forzar nada—simplemente respondemos al liderazgo de Dios a cada momento del día.

La Biblia en ocasiones utiliza la frase "caminar en el Espíritu" para referirse a un estilo de vida de obediencia. Lo hermoso de esta frase es cómo comunica la necesidad de relacionarnos. La obediencia no es "caminar en la ley" o "caminar en la voluntad" o "caminar en las buenas obras". Es caminar en el Espíritu. Es una continua, íntima, personal, y creciente relación con Dios por medio del Espíritu.

Uno de mis estudiantes, un esposo y padre llamado Mark, escribió esto:

Al principio me costaba trabajo levantarme. Mi alarma sonaba, y yo presionaba el botón de aplazar hasta que mi esposa se hartaba y me forzaba a salir de la cama. Después de un rato, sin embargo, comencé a ansiar mi tiempo a solas por las mañanas con Dios. El tiempo que paso con Él me ha ayudado a acercarme a mi esposa e hijos. Encuentro que soy más paciente con mis hijos y que aprecio más a mi esposa. Miro con ansias compartir mis puntos de vista durante mi tiempo a solas con ella, y este compartir nos ha ayudado a acercarnos más.

Dios nos dirigirá mientras que le entreguemos diariamente nuestras vidas y desarrollemos un conocimiento íntimo de Su voluntad. Esta es la realidad de caminar en el Espíritu que Gálatas 5:25 describe. La palabra "caminar" en este versículo es usada en el sentido militar de permanecer en cadencia—específicamente, de mantener el paso. Esto se consigue por medio de una íntima relación con el Espíritu de Dios. La vida se vive en una secuencia de momentos. En todos y cada uno de esos momentos, debemos estar en comunión con el Creador. Él quiere guiar cada uno de nuestros movimientos para cumplir nuestras labores.

Se requiere de una constante sensibilidad al liderazgo de Dios para entrar a esta caminata momento a momento. Entre más tiempo pasemos con Él diariamente, con mayor claridad empezaremos a escuchar la apacible y delicada voz del Espíritu y conoceremos el tiempo de Su voluntad.

Escuchar y Ver

Debemos tener los oídos y los ojos de nuestro corazón abiertos a Dios, esperando oírlo y verlo y estando listos para obedecer.

Podemos preparar nuestro corazón para recibir al Señor por medio de conocer Su Palabra, tomándonos el tiempo de escuchar al Espíritu Santo, y deseando escucharlo a Él. Salmo 37:4 dice, "Deléitate en el Señor, y él te concederá los deseos de tu corazón". A medida que pasamos tiempo con Dios, Él coloca Sus deseos en nosotros. Su corazón se convierte en el nuestro. Esta es la base para escuchar Su voz y convertirnos en buenos oyentes.

Escuchar a Dios requiere de una dosis de humildad. Él no siempre nos dice lo que queremos escuchar. Sorprendentemente, los fariseos no podían ver a Jesús por quien Él era, a pesar del hecho de que era el líder espiritual de Israel y tenía un conocimiento exhaustivo de la ley. Estaban cegados por su propio orgullo. Esto les provocó pensar que estaban haciendo el bien, cuando de hecho estaban en directa oposición al plan de Dios.

SI ESTAMOS ALERTAS A LAS INDICACIONES DEL ESPÍRITU, DESCUBRIREMOS MARAVILLOSAS OPORTUNIDADES EN LA VIDA.

Si estamos alertas a las indicaciones del Espíritu, descubriremos maravillosas oportunidades en la vida que, de otra forma, nos hubiéramos perdido. En Hechos 8:26-40, Felipe fue dirigido por un ángel a acercarse a un eunuco etíope que iba en un carruaje. Felipe fue capaz de escuchar y ver, y entonces escogió obedecer. Él corrió hacia el hombre y le preguntó si conocía lo que estaba leyendo. El eunuco respondió que estaba leyendo el libro de Isaías, pero que no lo entendía y necesitaba una explicación. De la nada, una perfecta oportunidad para compartir el evangelio apareció. Felipe le explicó al eunuco etíope lo que estaba leyendo, y el eunuco fue gloriosamente salvado y bautizado. Este es un claro ejemplo de escuchar la indicación de Dios y obedecer.

Tiempo

En el proceso de escuchar y obedecer, es importante comprender el elemento del tiempo. Dios ve lejos en nuestro futuro. Algunas de las cosas que Él comparte con nosotros son para justo ahora, mientras que otras son para una fecha más tardía.

María, la madre de Jesús, entendió esta dinámica. Cuando el ángel Gabriel le dijo que tendría un bebé y quien sería Él, ella estaba entendiblemente atónita. Pero respondió con humildad y fe, reconociendo que la completa concreción de la promesa no ocurriría inmediatamente. "Soy la sierva del Señor. Que se cumpla todo lo que has dicho acerca de mí" (Lucas 1:38).

Lucas 2:19 dice que después de las visitas de los pastores y los hombres sabios, "María guardaba todas estas cosas en el corazón y pensaba en ellas con frecuencia". Unos cuantos versículos más tarde, después de que un Jesús de doce años fuera encontrado enseñando en el templo, leemos, "Y su madre guardó todas esas cosas en el corazón" (versículo 51). De nuevo, María se percató de que Dios estaba revelándole cosas que eran importantes pero que no requerían de su inmediata acción.

Esta es la razón por la cual resulta importante escribir lo que Dios nos hable. Algunas de las cosas que nos dice son para que las hagamos justo ahora, y otras serán escondidas en nuestro corazón para ser cumplidas después. El Espíritu Santo nos ayudará a conocer la diferencia.

Dios disfruta compartir Sus planes con nosotros. Como padres, le contamos a nuestros hijos sobre los planes de vacaciones porque amamos ver su alegría y anticipación. Creo que a Dios también le gusta cuando nos emocionamos sobre el futuro que Él nos ha prometido. Él hizo esto para Abraham cuando lo llevó afuera y le mostró las estrellas (Génesis 15).

Dios a menudo comparte con nosotros cosas que Él tiene pensado hacer, más que cosas que Él espera que hagamos. Esa es una importante distinción. Como María, necesitamos tener una actitud de fe y humildad cuando Dios nos hable. En el momento adecuado, Dios abrirá la puerta. Si estamos indicados a hacer algo, entonces por supuesto que obedeceremos. Pero a veces la mejor manera de obedecer es simplemente esperar y confiar.

Valentía

El primer milagro en el Nuevo Testamento ocurrió en una boda a la cual Jesús asistió (Juan 2). El anfitrión de la boda se había quedado sin vino, una gran vergüenza en su cultura. Los sirvientes fueron con la madre de Jesús y le preguntaron qué deberían hacer. Ella les dijo que hicieran lo que sea que Jesús les dijera. Jesús les ordenó que llenaran jarras con agua y se las llevaran. Era una petición extraña, pero obedecieron—y Jesús convirtió el agua en vino.

> DEL OTRO LADO DE ESA OBEDIENCIA YACE LA BENDICIÓN.

He oído decir que seguido Dios nos pide que hagamos lo ridículo antes de que Él haga lo milagroso. Eso no significa que debamos de hacer cosas extrañas todo el tiempo, esperando un milagro—simplemente quiere decir que seamos obedientes, sin importar lo que Él nos pida hacer.

Esto requiere de fe y valentía. El apóstol Pablo les pidió a las iglesias que oraran para que él tuviera la valentía de compartir los misterios de Cristo con otros (Efesios 6:19). Cuando escuchamos Su voz y discernimos que es tiempo de actuar, debemos obedecer con valor. Entonces lo ordinario puede volverse extraordinario por medio del milagroso poder de Dios.

David experimentó esto en su pelea contra Goliat (1 Samuel 17). David respondió al liderazgo de Dios con fe y valentía, y Dios hizo el resto. Pedro también experimentó milagrosos resultados en el Mar de Galilea cuando se bajó de la barca por indicación de Jesús y camino en el agua (Mateo 14:22-32).

Es interesante que en la historia de Pedro caminando sobre el agua, fue él quien tomó la iniciativa de pedir el milagro; no obstante, él no hizo algo que hubiera sido ingenuo en la naturaleza sin la clara indicación de Dios. Nos topamos con problemas cuando vamos a uno de dos extremos: rehusarnos a nunca salir de nuestra zona de confort incluso cuando Dios nos habla, o tomar decisiones en el nombre de la fe pero sin una indicación de Dios.

El diablo no quiere que obedezcamos a Dios porque él sabe—a menudo mejor que nosotros—que del otro lado de esa obediencia yace la bendición. Su principal táctica para sabotear nuestra obediencia no es la tentación de pecar: es la tentación de la mediocridad. Él usa remordimientos del pasado y miedos del futuro para paralizarnos en el presente. Nos conformamos jugando a lo seguro, manteniéndonos, apenas sobreviviendo.

Esa fue la actitud de Saúl y su ejército entero cuando fueron amenazados por Goliat. Se paralizaron de miedo.

Satanás es un bravucón sin otro poder que el de la intimidación, el engaño, y las mentiras. Desafortunadamente, a menudo le prestamos más atención a sus ruidosas y vacías amenazas que a la tranquila y pequeña voz del Espíritu. No escuches la voz de diablo—¡escucha sólo a Dios! Luego obedece con fe y valentía. El mismo Dios que le dio a David el poder de vencer al gigante está contigo y a tu lado.

Dios lidera, y nosotros seguimos. Dios indica, y nosotros respondemos. Jesús dijo, "Si me aman, obedezcan mis mandamientos" (Juan 14:15). Él también dijo que debíamos negarnos a nosotros mismos, tomar nuestra cruz, y seguirlo (Mateo 16:24). No tenemos la vida resuelta y nunca la tendremos. Sin embargo, Dios sí, y Él es fiel a guiarnos a cada paso del camino. Un día miraremos hacia atrás y veremos Su mano en acción en cada parteaguas y punto decisivo.

Estás entrando en una nueva era en tu caminar con Dios. A través de la Experiencia de Adoración de 40 Días, estás conociendo mejor a Dios, escuchando Su voz más claramente, y aprendiendo a seguir Su guía. El resto de tu vida es una aventura con Él.

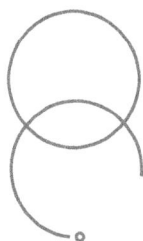

OBEDECE

Jesús dijo, "Si ustedes me aman, obedecerán mis mandamientos" (Juan 14:15 NVI). Santiago nos dice que no sólo escuchemos la Palabra de Dios, sino que hagamos lo que diga (Santiago 1:22).

Hay tres claves en la obediencia: escuchar la voz de Dios a través de la Palabra y el Espíritu Santo; discernir el tiempo de Dios para cada situación; y tener la valentía de actuar en la fe y hacer lo se nos está pidiendo.

La auténtica fe produce obediencia. Si somos capaces de escuchar, entonces debemos ser capaces de obedecer. Así es como caminamos en el Espíritu como es descrito en Gálatas 5:25: "Ya que vivimos por el Espíritu, sigamos la guía del Espíritu en cada aspecto de nuestra vida". Nuestra obediencia demuestra que estamos en una dinámica y continua relación con el Creador del universo.

Somos llamados como creyentes a caminar con Dios. Esto es lo que vuelve a la vida cristiana tan emocionante. Nada trae más satisfacción que disfrutar de intimidad y cercanía con Dios y llevar a cabo Su voluntad.

Preguntas de Reflexión

Tómate unos momentos para hacer esta oración, luego responde a las siguientes preguntas.

"Jesús, estoy emocionado por hacer Tu voluntad. Hoy, oro por valentía y fuerza para hacer lo que Tú digas. Enséñame a responderte en fe y caminar contigo todos los días. Confío en Ti para que me guíes por Tu sendero para mi vida. Corrígeme si me salgo del camino y trato de liderarme sólo. Aléjame de apoyarme en mí mismo o en mi propio entendimiento. Tus maneras de hacer son superiores a las mías, y quiero seguir Tus caminos hoy. Mi corazón desea responderte en amor y obedecer Tu apacible voz. Gracias por guiarme".

1. ¿Cómo se relaciona nuestra intimidad con Dios con nuestra obediencia? Revisa Juan 14:15.

   Si ustedes me aman, obedecerán mis mandamientos. (Juan 14:15 NVI)

2. Hablamos respecto a que la obediencia tiene tres ingredientes: escuchar la voz de Dios, discernir el tiempo correcto, y valentía para obedecer. Comparte tus pensamientos en estas tres áreas y algunos ejemplos de tu propia vida.

3. Lee Gálatas 5:25 en voz alta. ¿Qué significa este versículo para ti?

Ya que vivimos por el Espíritu, sigamos la guía del Espíritu en cada aspecto de nuestra vida. (Gálatas 5:25)

4. Lee Hechos 8:26-39. ¿Cómo ejemplifica Felipe el escuchar a Dios y permitirle guiar nuestros pasos?

Tus Mañanas Hasta Ahora

1. ¿Cuáles han sido algunos de los retos a los que te has enfrentado durante la Experiencia de Adoración de 40 Días?

2. ¿Qué está sucediendo en tu corazón, y qué está diciéndote Dios?

3. ¿Qué cambios ves ocurriendo en tu vida?

RESUMEN

Entrega
Colócate en las manos de Dios y entrega tu voluntad a la Suya.

Celebra
Escucha música de adoración y disfruta de quien Dios es y lo que Él ha hecho.

Medita
Reflexiona sobre las Escrituras y permite que el Espíritu Santo las aplique en tu vida.

Ábrete
Permite que el Espíritu Santo traiga sanidad y cambio en áreas específicas de tu vida.

Dedícate
Compromete tu día al uso que le quiera dar Dios y pídele Su ayuda.

Escucha
Detente y permite que Dios te hable.

Obedece
Responde con fe a las indicaciones específicas de Dios.

ORACIÓN
DE ENTREGA

DIARIO:
LA EXPERIENCIA
DE ADORACIÓN
DE 40 DÍAS

ORACIÓN DE ENTREGA

Hay algo acerca de entregarnos a Dios que abre nuestros corazones y almas a recibir lo que necesitamos de Él.

La Oración de Entrega es una herramienta opcional para ayudarte a concentrar tu mente y corazón durante tu tiempo con el Señor. Esta oración nació de mi propio proceso de encuentros con el Señor por las mañanas. Incluso hoy, leo esta oración diariamente. Con los años, le he agregado y cambiado partes a medida que el Espíritu Santo me ha guiado. La gente me ha compartido que la Oración de Entrega se ha convertido en una muy amada parte de su rutina diaria también.

Hay dos versiones de la oración: la completa y original, y la versión más corta. Ya que la oración es larga, puede que decidas usar solamente una parte de ella o leer la versión corta. También, siéntete libre de cambiarla o añadirle, o incluso de escribir tu propia oración de entrega. Incluí las citas de las Escrituras que inspiran cada frase, de modo que puedas revisarlas si te gustaría leer más. Son sólo algunas de las incontables promesas y afirmaciones en la Palabra de Dios.

ORACIÓN DE ENTREGA (VERSIÓN CORTA)

¡Padre Celestial, buenos días!
Efesios 2:18

Gracias por estar conmigo, alrededor de mí, y en mí por medio de Tu Espíritu Santo.
Romanos 8:16

Jesús, confío en ti.
Proverbios 3:5,6

Jesús, te amo.
Mateo 22:37

Jesús, necesito hoy Tu ayuda.
Salmo 46:1

Voluntariamente te entrego mi corazón.
Romanos 12:1

Gracias por ser mi líder y guiarme por medio de la luz de Tu Palabra.
Salmo 119:105

ORACIÓN DE ENTREGA (VERSIÓN COMPLETA)

I. PADRE

¡Buenos días, Padre Celestial! Gracias por este nuevo día. Elijo, con emoción y anticipación, entregar mi corazón (mente, voluntad, y emociones) a Tu infalible amor (Salmo 143:8). Estoy ofreciéndote mi cuerpo, alma, y espíritu como sacrificio vivo en el nombre de Jesús (Romanos 12:1; Efesios 2:18). Ayúdame a silenciar mi corazón ante ti (Salmo 62:1) y a recibir Tu amor.

Me concentro ahora en todas las cosas que están en el Cielo (Colosenses 3:1). Me acerco con confianza a Tu presencia, pidiéndote Tu gracia y misericordia para que me ayuden hoy (Hebreos 4:16). Tu poder y amor me llenan, me rodean, y me protegen (Salmo 46:1). Gracias por proveerme mi pan de cada día (Lucas 11:2-3) y por satisfacer mi más profunda necesidad de ser amado (Filipenses 4:19). Tu amor infalible es mejor que la vida misma (Salmo 63:3).

Padre Dios, ¡confío en ti! Tú eres mi fortaleza y mi escudo (Salmo 46:1) y mi escondite (Colosenses 3:3). Siempre soy bienvenido contigo, y puedo correr hacia ti para estar seguro (Proverbios 18:10). Gracias por sostenerme en Tus brazos y por ser mi lugar de descanso y seguridad (Salmo 68:19). Respondo a Tu amor (Salmo 27:7-8). Soy humilde bajo Tu poderosa mano (Santiago 5:8). Por favor enséñame Tus maneras (Isaías 55:8) y revélame Tu corazón (Jeremías 33:3).

II. HIJO

Jesús, gracias por preocuparte tan profundamente por mí que te sacrificaste en la cruz por mí. Fijo mi mirada en ti, sabiendo que Tú eres el autor y perfeccionador de mi fe (Hebreos 12:2). Te abro mi corazón (Apocalipsis 3:20).

Gracias por que estoy sentado contigo en el cielo (Efesios 2:6). Ayúdame a ver las cosas a las que me enfrento desde Tu perspectiva. Deposito todas mis preocupaciones, miedos, errores, y ansiedades en ti (1 Pedro 5:7). Por favor perdóname y líbrame de cualquier pensamiento, sentimiento, y acción equivocada. Elijo también perdonar, liberar, y bendecir a aquellos a quienes he ofendido o me han lastimado (Mateo 7:1-3). Por favor abre mi corazón a Tu compasión y preocupación para con todas las personas con quienes me encuentre hoy.

Ayúdame a no refunfuñar o quejarme sobre nada (Filipenses 2:14) o a compararme con otros (2 Corintios 12:9). Deja que tus propósitos para mí se realicen hoy en la tierra como en el Cielo (Mateo 6:10). En mi debilidad, avivo mi fe que Tú puedes mover montañas en mi vida y en la vida de aquellos a mi alrededor (Marcos 11:23).

Gracias por todo lo que eres, todo lo que has hecho, y todo lo que harás. Tú eres el mismo ayer, hoy, y siempre (Hebreos 13:8). En ti, vivo y me muevo y tengo mi propósito para vivir (Hechos 17:28). Mi vida no me pertenece, pues Tú me has comprado a un gran precio (1 Corintios 6:19).

Jesús, confío en ti.

Jesús, te amo.

Jesús, necesito Tu ayuda.

III. ESPÍRITU SANTO

Gracias, Espíritu Santo, por liderarme y guiarme. Por favor dame tu aliento de nuevo hoy. Gracias por liberarme del maligno (Mateo 6:13) y de todas las tentaciones que acechan dentro y alrededor de mí (Colosenses 3:5). Ayúdame a concentrar mis pensamientos en Ti (Romanos 8:12; Filipenses 4:8). Aléjame del ego, orgullo, auto promoción, o desaliento el día de hoy. (Proverbios 3:5-6).

Gracias por la promesa de que puedo escuchar Tu voz (Juan 10:27). Ayúdame a escuchar, ver, y responder a lo que Tú estás diciendo y mostrándome (Marcos 4:9; Lucas 10:23). Enséñame a escuchar Tu voz apacible y delicada entre todos los demás ruidos (1 Reyes 9:11-13).

Deja que la Biblia cobre vida conmigo. Revélame los dones naturales y espirituales que tengo y continuamente entréname con respecto a cómo usarlos (Salmo 18:32-35). Gracias por ser mi mentor, entrenador, y amigo (Juan 15:26) y por guiarme siempre. Ponme la armadura completa de Dios para pelear la justa batalla de la fe (Efesios 6:9-12). Mantenme en la tensión de Tus propósitos, caminando seguro en el sendero que ha sido elegido para mí (Eclesiastés 6:10). Ayúdame a no mirar hacia atrás, sino sólo hacia adelante, sin remordimientos (Filipenses 3:13).

Deja que Tu paz mande y gobierne en mi corazón (Colosenses 3:15; Filipenses 4:7). Ayúdame a ser disciplinado y a terminar hoy con todo el trabajo que me otorgues. Dame el deseo y el poder de cumplir cada tarea (Filipenses 2:13). Gracias por revelarme el corazón de amor del Padre hacia mí y por ser mi constante acompañante.

DIARIO:
LA EXPERIENCIA DE
ADORACIÓN DE 40 DÍAS

En las siguientes páginas, encontrarás cuarenta lecturas diarias de los Salmos, junto con un espacio adyacente para que escribas tus pensamientos.

Todos los días, pon música de adoración y tómate un tiempo para sentarte en silencio ante la presencia de Dios. Deja que tu corazón se fije en Él. Entrega tu voluntad a la Suya y conscientemente recibe Su amor. Abre tu corazón a Su Palabra y al fluir de Su Presencia.

Luego, lee el pasaje lentamente, ya sea en silencio o en voz alta. Incluso podrías leerlo varias veces, dejando que el Espíritu Santo hable mientras meditas en la Palabra. Si lo deseas, subraya o resalta las frases que te llamen la atención. Use el diario para anotar los pensamientos que te vienen a la mente.

Saborea el proceso como lo harías con una comida deliciosa. No tengas prisa. Mantente quieto. Escucha. Deja que tu corazón descanse en Él. Simplemente esté con Jesús.

DÍA 1

Salmo 1:1–3

1 Qué alegría para los que
no siguen el consejo de malos,
ni andan con pecadores,
ni se juntan con burlones,
2 sino que se deleitan en la ley del SEÑOR
meditando en ella día y noche.
3 Son como árboles plantados a la orilla de un río,
que siempre dan fruto en su tiempo.
Sus hojas nunca se marchitan,
y prosperan en todo lo que hacen.

DÍA 2

Salmo 3:2–8

2 Son tantos los que dicen:
«¡Dios no lo rescatará!».
3 Pero tú, oh SEÑOR, eres un escudo que me rodea;
eres mi gloria, el que sostiene mi cabeza en alto.
4 Clamé al SEÑOR,
y él me respondió desde su monte santo.
5 Me acosté y dormí,
pero me desperté a salvo,
porque el SEÑOR me cuidaba.
6 No tengo miedo a los diez mil enemigos
que me rodean por todas partes.
7 ¡Levántate, oh SEÑOR!
¡Rescátame, Dios mío!
¡Abofetea a todos mis enemigos!
¡Destroza los dientes de los malvados!
8 La victoria proviene de ti, oh SEÑOR;
bendice a tu pueblo.

DÍA 3

Salmo 5:1–3

1 Oh SEÑOR, óyeme cuando oro;
presta atención a mi gemido.
2 Escucha mi grito de auxilio, mi Rey y mi Dios,
porque solo a ti dirijo mi oración.
3 SEÑOR, escucha mi voz por la mañana;
cada mañana llevo a ti mis peticiones y quedo a la
espera.

DÍA 4

Salmo 18:1-6

1 Te amo, SEÑOR;
tú eres mi fuerza.
2 El SEÑOR es mi roca, mi fortaleza y mi salvador;
mi Dios es mi roca, en quien encuentro protección.
Él es mi escudo, el poder que me salva
y mi lugar seguro.
3 Clamé al SEÑOR, quien es digno de alabanza,
y me salvó de mis enemigos.
4 Me enredaron las cuerdas de la muerte;
me arrasó una inundación devastadora.
5 La tumba[a] me envolvió con sus cuerdas;
la muerte me tendió una trampa en el camino.
6 Pero en mi angustia, clamé al SEÑOR;
sí, oré a mi Dios para pedirle ayuda.
Él me oyó desde su santuario;
mi clamor llegó a sus oídos.

DÍA 5

Salmo 18:30–36

30 El camino de Dios es perfecto.
Todas las promesas del SEÑOR demuestran ser
verdaderas.
Él es escudo para todos los que buscan su protección.
31 Pues ¿quién es Dios aparte del SEÑOR?
¿Quién más que nuestro Dios es una roca sólida?
32 Dios me arma de fuerza
y hace perfecto mi camino.
33 Me hace andar tan seguro como un ciervo
para que pueda pararme en las alturas de las montañas.
34 Entrena mis manos para la batalla;
fortalece mi brazo para tensar un arco de bronce.
35 Me has dado tu escudo de victoria.
Tu mano derecha me sostiene;
tu ayuda me ha engrandecido.
36 Has trazado un camino ancho para mis pies
a fin de evitar que resbalen.

DÍA 6

Salmo 19:7–11

7 Las enseñanzas del SEÑOR son perfectas;
reavivan el alma.
Los decretos del SEÑOR son confiables;
hacen sabio al sencillo.
8 Los mandamientos del SEÑOR son rectos;
traen alegría al corazón.
Los mandatos del SEÑOR son claros;
dan buena percepción para vivir.
9 La reverencia al SEÑOR es pura;
permanece para siempre.
Las leyes del SEÑOR son verdaderas;
cada una de ellas es imparcial.
10 Son más deseables que el oro,
incluso que el oro más puro.
Son más dulces que la miel,
incluso que la miel que gotea del panal.
11 Sirven de advertencia para tu siervo,
una gran recompensa para quienes las obedecen.

DÍA 7

Salmo 23

1 El SEÑOR es mi pastor;
tengo todo lo que necesito.
2 En verdes prados me deja descansar;
me conduce junto a arroyos tranquilos.
3 Él renueva mis fuerzas.
Me guía por sendas correctas,
y así da honra a su nombre.
4 Aun cuando yo pase
por el valle más oscuro,
no temeré,
porque tú estás a mi lado.
Tu vara y tu cayado
me protegen y me confortan.
5 Me preparas un banquete
en presencia de mis enemigos.
Me honras ungiendo mi cabeza con aceite.
Mi copa se desborda de bendiciones.
6 Ciertamente tu bondad y tu amor inagotable me seguirán
todos los días de mi vida,
y en la casa del SEÑOR viviré
por siempre.

DÍA 8

Salmo 24:1–5

1 La tierra es del SEÑOR y todo lo que hay en ella;
el mundo y todos sus habitantes le pertenecen.
2 Pues él echó los cimientos de la tierra sobre los mares
y los estableció sobre las profundidades de los océanos.
3 ¿Quién puede subir al monte del SEÑOR?
¿Quién puede estar en su lugar santo?
4 Solo los de manos limpias y corazón puro,
que no rinden culto a ídolos
y nunca dicen mentiras.
5 Ellos recibirán la bendición del SEÑOR
y tendrán una relación correcta con Dios su salvador.

DÍA 9

Salmo 25:4-6

4 Muéstrame la senda correcta, oh SEÑOR;
señálame el camino que debo seguir.
5 Guíame con tu verdad y enséñame,
porque tú eres el Dios que me salva.
Todo el día pongo en ti mi esperanza.
6 Recuerda, oh SEÑOR, tu compasión y tu amor
inagotable,
que has mostrado desde hace siglos.

DÍA 10

Salmo 27:7–8

7 Escúchame cuando oro, oh SEÑOR;
¡ten misericordia y respóndeme!
8 Mi corazón te ha oído decir: «Ven y conversa conmigo».
Y mi corazón responde: «Aquí vengo, SEÑOR».

DÍA 11

Salmo 28:6–8

6 ¡Alaben al SEÑOR!
Pues él oyó que clamaba por misericordia.
7 El SEÑOR es mi fortaleza y mi escudo;
confío en él con todo mi corazón.
Me da su ayuda y mi corazón se llena de alegría;
prorrumpo en canciones de acción de gracias.
8 El SEÑOR le da fuerza a su pueblo;
es una fortaleza segura para su rey ungido.

DÍA 12

Salmo 30:1–5

1 Te exaltaré, SEÑOR, porque me rescataste;
no permitiste que mis enemigos triunfaran sobre mí.
2 Oh SEÑOR mi Dios, clamé a ti por ayuda,
y me devolviste la salud.
3 Me levantaste de la tumba, oh SEÑOR;
me libraste de caer en la fosa de la muerte.
4 ¡Canten al SEÑOR, ustedes los justos!
Alaben su santo nombre.
5 Pues su ira dura solo un instante,
¡pero su favor perdura toda una vida!
El llanto podrá durar toda la noche,
pero con la mañana llega la alegría.

DÍA 13

Salmo 32:7–11

7 Pues tú eres mi escondite;
me proteges de las dificultades
y me rodeas con canciones de victoria.
8 El SEÑOR dice: «Te guiaré por el mejor sendero para tu
vida;
te aconsejaré y velaré por ti.
9 No seas como el mulo o el caballo, que no tienen
entendimiento,
que necesitan un freno y una brida para mantenerse
controlados».
10 Muchos son los dolores de los malvados,
pero el amor inagotable rodea a los que confían en el
SEÑOR.
11 ¡Así que alégrense mucho en el SEÑOR y estén con-
tentos, ustedes los que le obedecen!
¡Griten de alegría, ustedes de corazón puro!

DÍA 14

Salmo 33:15–22

15 Él hizo el corazón de ellos,
así que entiende todo lo que hacen.
16 El ejército mejor equipado no puede salvar a un rey,
ni una gran fuerza es suficiente para salvar a un guerrero.
17 No confíes en tu caballo de guerra para obtener la victoria;
por mucha fuerza que tenga, no te puede salvar.
18 Pero el SEÑOR vela por los que le temen,
por aquellos que confían en su amor inagotable.
19 Los rescata de la muerte
y los mantiene con vida en tiempos de hambre.
20 Nosotros ponemos nuestra esperanza en el SEÑOR;
él es nuestra ayuda y nuestro escudo.
21 En él se alegra nuestro corazón,
porque confiamos en su santo nombre.
22 Que tu amor inagotable nos rodee, SEÑOR,
porque solo en ti está nuestra esperanza.

DÍA 15

Salmo 34:8–10, 19

8 Prueben y vean que el SEÑOR es bueno;
¡qué alegría para los que se refugian en él!
9 Teman al SEÑOR, ustedes los de su pueblo santo,
pues los que le temen tendrán todo lo que necesitan.
10 Hasta los leones jóvenes y fuertes a veces pasan
hambre,
pero a los que confían en el SEÑOR no les faltará ningún
bien.

19 La persona íntegra enfrenta muchas dificultades,
pero el SEÑOR llega al rescate en cada ocasión.

DÍA 16

Salmo 36:6-9

6 Tu rectitud es como las poderosas montañas,
tu justicia, como la profundidad de los océanos.
Tú cuidas de la gente y de los animales por igual, oh
SEÑOR.
7 ¡Qué precioso es tu amor inagotable, oh Dios!
Todos los seres humanos encuentran refugio
a la sombra de tus alas.
8 Los alimentas con la abundancia de tu propia casa
y les permites beber del río de tus delicias.
9 Pues tú eres la fuente de vida,
la luz con la que vemos.

DÍA 17

Salmo 37:23-26

23 El SEÑOR dirige los pasos de los justos;
se deleita en cada detalle de su vida.
24 Aunque tropiecen, nunca caerán,
porque el SEÑOR los sostiene de la mano.
25 Una vez fui joven, ahora soy anciano,
sin embargo, nunca he visto abandonado al justo
ni a sus hijos mendigando pan.
26 Los justos siempre prestan con generosidad
y sus hijos son una bendición.

DÍA 18

Salmo 41:1–3

1 ¡Qué alegría hay para los que tratan bien a los pobres!
El SEÑOR los rescata cuando están en apuros.
2 El SEÑOR los protege
y los mantiene con vida;
los prospera en la tierra
y los rescata de sus enemigos.
3 El SEÑOR los atiende cuando están enfermos
y les devuelve la salud.

DÍA 19

Salmo 57:1–3

1 ¡Ten misericordia de mí, oh Dios, ten misericordia!
En ti busco protección.
Me esconderé bajo la sombra de tus alas
hasta que haya pasado el peligro.
2 Clamo al Dios Altísimo,
a Dios, quien cumplirá su propósito para mí.
3 Él mandará ayuda del cielo para rescatarme,
y avergonzará a los que me persiguen.
Mi Dios enviará su amor inagotable y su fidelidad.

DÍA 20

Salmo 57:7–11

7 Mi corazón está confiado en ti, oh Dios;
mi corazón tiene confianza.
¡Con razón puedo cantar tus alabanzas!
8 ¡Despiértate, corazón mío!
¡Despiértense, lira y arpa!
Con mi canto despertaré al amanecer.
9 Te daré gracias, Señor, en medio de toda la gente;
cantaré tus alabanzas entre las naciones.
10 Pues tu amor inagotable es tan alto como los cielos;
tu fidelidad alcanza las nubes.
11 Exaltado seas, oh Dios, por encima de los cielos más
altos;
que tu gloria brille sobre toda la tierra.

DÍA 21

Salmo 59:16–17

16 En cuanto a mí, yo cantaré de tu poder;
cada mañana cantaré con alegría acerca de tu amor
inagotable.
Pues tú has sido mi refugio,
un lugar seguro cuando estoy angustiado.
17 Oh Fortaleza mía, a ti canto alabanzas,
porque tú, oh Dios, eres mi refugio,
el Dios que me demuestra amor inagotable.

DÍA 22

Salmo 61:1-4

1 Oh Dios, ¡escucha mi clamor!
¡Oye mi oración!
2 Desde los extremos de la tierra,
clamo a ti por ayuda
cuando mi corazón está abrumado.
Guíame a la imponente roca de seguridad,
3 porque tú eres mi amparo seguro,
una fortaleza donde mis enemigos no pueden
alcanzarme.
4 Permíteme vivir para siempre en tu santuario,
¡a salvo bajo el refugio de tus alas!

DÍA 23

Salmo 62:1–2; 5–8

1 Espero en silencio delante de Dios,
porque de él proviene mi victoria.
2 Solo él es mi roca y mi salvación,
mi fortaleza donde jamás seré sacudido.

5 Que todo mi ser espere en silencio delante de Dios,
porque en él está mi esperanza.
6 Solo él es mi roca y mi salvación,
mi fortaleza donde no seré sacudido.
7 Mi victoria y mi honor provienen solamente de Dios;
él es mi refugio, una roca donde ningún enemigo puede
alcanzarme.
8 Oh pueblo mío, confía en Dios en todo momento;
dile lo que hay en tu corazón,
porque él es nuestro refugio.

DÍA 24

Salmo 63:1-8

1 Oh Dios, tú eres mi Dios;
de todo corazón te busco.
Mi alma tiene sed de ti;
todo mi cuerpo te anhela
en esta tierra reseca y agotada
donde no hay agua.
2 Te he visto en tu santuario
y he contemplado tu poder y tu gloria.
3 Tu amor inagotable es mejor que la vida misma;
¡cuánto te alabo!
4 Te alabaré mientras viva;
a ti levantaré mis manos en oración.
5 Tú me satisfaces más que un suculento banquete;
te alabaré con cánticos de alegría.
6 Recostado, me quedo despierto
pensando y meditando en ti durante la noche.
7 Como eres mi ayudador,
canto de alegría a la sombra de tus alas.
8 Me aferro a ti;
tu fuerte mano derecha me mantiene seguro.

DÍA 25

Salmo 66:1-4

1 ¡Griten alabanzas alegres a Dios, habitantes de toda la
tierra!
2 ¡Canten de la gloria de su nombre!
Cuéntenle al mundo lo glorioso que es él.
3 Díganle a Dios: «¡Qué imponentes son tus obras!
Tus enemigos se arrastran ante tu gran poder.
4 Todo lo que hay en la tierra te adorará;
cantará tus alabanzas
aclamando tu nombre con cánticos gloriosos».

DÍA 26

Salmo 86:1–7

1 Inclínate, oh SEÑOR, y escucha mi oración;
contéstame, porque necesito tu ayuda.
2 Protégeme, pues estoy dedicado a ti.
Sálvame, porque te sirvo y confío en ti;
tú eres mi Dios.
3 Ten misericordia de mí, oh Señor,
porque a ti clamo constantemente.
4 Dame felicidad, oh Señor,
pues a ti me entrego.
5 ¡Oh Señor, eres tan bueno; estás tan dispuesto a
perdonar,
tan lleno de amor inagotable para los que piden tu
ayuda!
6 Escucha atentamente mi oración, oh SEÑOR;
oye mi urgente clamor.
7 A ti clamaré cada vez que esté en apuros,
y tú me responderás.

DÍA 27

Salmo 91:1-4

1 Los que viven al amparo del Altísimo
encontrarán descanso a la sombra del Todopoderoso.
2 Declaro lo siguiente acerca del SEÑOR:
Solo él es mi refugio, mi lugar seguro;
él es mi Dios y en él confío.
3 Te rescatará de toda trampa
y te protegerá de enfermedades mortales.
4 Con sus plumas te cubrirá
y con sus alas te dará refugio.
Sus fieles promesas son tu armadura y tu protección.

DÍA 28

Salmo 91:5-10

5 No tengas miedo de los terrores de la noche
ni de la flecha que se lanza en el día.
6 No temas a la enfermedad que acecha en la oscuridad,
ni a la catástrofe que estalla al mediodía.
7 Aunque caigan mil a tu lado,
aunque mueran diez mil a tu alrededor,
esos males no te tocarán.
8 Simplemente abre tus ojos
y mira cómo los perversos reciben su merecido.
9 Si haces al SEÑOR tu refugio
y al Altísimo tu resguardo,
10 ningún mal te conquistará;
ninguna plaga se acercará a tu hogar.

DÍA 29

Salmo 91:11–16

11 Pues él ordenará a sus ángeles
que te protejan por donde vayas.
12 Te sostendrán con sus manos
para que ni siquiera te lastimes el pie con una piedra.
13 Pisotearás leones y cobras;
¡aplastarás feroces leones y serpientes bajo tus pies!
14 El SEÑOR dice: «Rescataré a los que me aman;
protegeré a los que confían en mi nombre.
15 Cuando me llamen, yo les responderé;
estaré con ellos en medio de las dificultades.
Los rescataré y los honraré.
16 Los recompensaré con una larga vida
y les daré mi salvación».

DÍA 30

Salmo 92:12–15

12 Pero los justos florecerán como palmeras
y se harán fuertes como los cedros del Líbano;
13 trasplantados a la casa del SEÑOR,
florecen en los atrios de nuestro Dios.
14 Incluso en la vejez aún producirán fruto;
seguirán verdes y llenos de vitalidad.
15 Declararán: «¡El SEÑOR es justo!
¡Es mi roca!
¡No existe maldad en él!».

DÍA 31

Salmo 94:17-19

17 Si el SEÑOR no me hubiera ayudado,
pronto me habría quedado en el silencio de la tumba.
18 Clamé: «¡Me resbalo!»,
pero tu amor inagotable, oh SEÑOR, me sostuvo.
19 Cuando mi mente se llenó de dudas,
tu consuelo renovó mi esperanza y mi alegría.

DÍA 32

Salmo 100

1 ¡Aclamen con alegría al SEÑOR, habitantes de toda la tierra!
2 Adoren al SEÑOR con gozo.
Vengan ante él cantando con alegría.
3 ¡Reconozcan que el SEÑOR es Dios!
Él nos hizo, y le pertenecemos;
somos su pueblo, ovejas de su prado.
4 Entren por sus puertas con acción de gracias;
vayan a sus atrios con alabanza.
Denle gracias y alaben su nombre.
5 Pues el SEÑOR es bueno.
Su amor inagotable permanece para siempre,
y su fidelidad continúa de generación en generación.

DÍA 33

Salmo 108:1-5

1 Mi corazón está confiado en ti, oh Dios;
¡con razón puedo cantar tus alabanzas con toda el alma!
2 ¡Despiértense, lira y arpa!
Con mi canto despertaré al amanecer.
3 Te daré gracias, SEÑOR, en medio de toda la gente;
cantaré tus alabanzas entre las naciones.
4 Pues tu amor inagotable es más alto que los cielos;
tu fidelidad alcanza las nubes.
5 Exaltado seas, oh Dios, por encima de los cielos más
altos.
Que tu gloria brille sobre toda la tierra.

DÍA 34

Salmo 111:1-5

1 ¡Alabado sea el SEÑOR!
Daré gracias al SEÑOR con todo mi corazón
al reunirme con su pueblo justo.
2 ¡Qué asombrosas son las obras del SEÑOR!
Todos los que se deleitan en él deberían considerarlas.
3 Todo lo que él hace revela su gloria y majestad;
su justicia nunca falla.
4 Él nos hace recordar sus maravillosas obras.
¡Cuánta gracia y misericordia tiene nuestro SEÑOR!
5 Da alimento a los que le temen;
siempre recuerda su pacto.

DÍA 35

Salmo 116:1-7

1 Amo al SEÑOR porque escucha mi voz
y mi oración que pide misericordia.
2 Debido a que él se inclina para escuchar,
¡oraré mientras tenga aliento!
3 La muerte me envolvió en sus cuerdas;
los terrores de la tumba se apoderaron de mí.
Lo único que veía era dificultad y dolor.
4 Entonces invoqué el nombre del SEÑOR:
«¡SEÑOR, por favor, sálvame!».
5 ¡Qué bondadoso es el SEÑOR! ¡Qué bueno es él!
¡Tan misericordioso, este Dios nuestro!
6 El SEÑOR protege a los que tienen fe como de un niño;
estuve frente a la muerte, y él me salvó.
7 Que mi alma descanse nuevamente,
porque el SEÑOR ha sido bueno conmigo.

DÍA 36

Salmo 121

1 Levanto la vista hacia las montañas;
¿viene de allí mi ayuda?
2 ¡Mi ayuda viene del SEÑOR,
quien hizo el cielo y la tierra!
3 Él no permitirá que tropieces;
el que te cuida no se dormirá.
4 En efecto, el que cuida a Israel
nunca duerme ni se adormece.
5 ¡El SEÑOR mismo te cuida!
El SEÑOR está a tu lado como tu sombra protectora.
6 El sol no te hará daño durante el día,
ni la luna durante la noche.
7 El SEÑOR te libra de todo mal
y cuida tu vida.
8 El SEÑOR te protege al entrar y al salir,
ahora y para siempre.

DÍA 37

Salmo 139:1-6

1 Oh SEÑOR, has examinado mi corazón
y sabes todo acerca de mí.
2 Sabes cuándo me siento y cuándo me levanto;
conoces mis pensamientos, aun cuando me encuentro
lejos.
3 Me ves cuando viajo
y cuando descanso en casa.
Sabes todo lo que hago.
4 Sabes lo que voy a decir
incluso antes de que lo diga, SEÑOR.
5 Vas delante y detrás de mí.
Pones tu mano de bendición sobre mi cabeza.
6 Semejante conocimiento es demasiado maravilloso
para mí;
¡es tan elevado que no puedo entenderlo!

DÍA 38

Salmo 144:1-2

1 Alaben al SEÑOR, mi roca.
Él entrena mis manos para la guerra
y da destreza a mis dedos para la batalla.
2 Él es mi aliado amoroso y mi fortaleza,
mi torre de seguridad y quien me rescata.
Es mi escudo, y en él me refugio.
Hace que las naciones se sometan a mí.

DÍA 39

Salmo 146:1-6

1 ¡Alabado sea el SEÑOR!
Que todo lo que soy alabe al SEÑOR.
2 Alabaré al SEÑOR mientras viva;
cantaré alabanzas a mi Dios con el último aliento.
3 No pongan su confianza en los poderosos;
no está allí la ayuda para ustedes.
4 Ellos, al dar su último suspiro, vuelven al polvo,
y todos sus planes mueren con ellos.
5 Pero felices son los que tienen como ayudador al Dios de Israel,
los que han puesto su esperanza en el SEÑOR su Dios.
6 Él hizo el cielo y la tierra,
el mar y todo lo que hay en ellos.
Él cumple todas sus promesas para siempre.

DÍA 40

Salmo 150

1 ¡Alabado sea el SEÑOR!
Alaben a Dios en su santuario;
¡alábenlo en su poderoso cielo!
2 Alábenlo por sus obras poderosas;
¡alaben su grandeza sin igual!
3 Alábenlo con un fuerte toque del cuerno de carnero;
¡alábenlo con la lira y el arpa!
4 Alábenlo con panderetas y danzas;
¡alábenlo con instrumentos de cuerda y con flautas!
5 Alábenlo con el sonido de los címbalos;
alábenlo con címbalos fuertes y resonantes.
6 ¡Que todo lo que respira cante alabanzas al SEÑOR!
¡Alabado sea el SEÑOR!

FELICIDADES

¡Haz cruzado la línea de meta! Ese es un logro maravilloso.

Ahora es momento de hacer un compromiso para el futuro. Has establecido una gran rutina por las mañanas por medio de encontrarte con Dios primero y aprender a tomarte un día a la vez. Te animo a que permitas que esa sea tu plataforma de despegue para un estilo de vida de pasar tiempo con Dios por las mañanas. Creo que esos momentos a solas con Él te cambiarán para siempre.

También te invito a que animes a alguien más a que viva la Experiencia de Adoración de 40 Días contigo. Comparte tu testimonio con él o ella al respecto de lo que Dios ha hecho en tu corazón por medio de la experiencia, e invítalo a intentarla contigo. A medida que avancen, guíalo hacia un caminar más profundo e íntimo con Dios por medio de reunirse diariamente con Él.

Para más información y apoyo, por favor visita nuestro sitio web, www.bewithjesus365.org.

Mark Jones

AGRADECIMIENTOS

Primero y antes que nada, gracias a mi Señor Cristo Jesús, quien está al centro de este libro.

Este libro no habría sido posible sin el apoyo y contribuciones de muchas personas.

A mi maravillosa esposa y mejor amiga, Susan, y a mi familia: ¡Gracias! Los adoro a cada uno de ustedes.

Al Pastor Frank Damazio: tú eres mi pastor y te aprecio profundamente. Gracias por tu guía y tu amistad en mi vida.

A Dennis Jackson y Wayne Little: gracias por sus atentos oídos y su retroalimentación que ayudó a dar forma a estas ideas.

A Justin Jaquith: gracias por reescribir mis palabras a una forma más entendible.

A Larry Asplund: gracias por tu ayuda y ánimo.

A nuestros intercesores personales quienes se reúnen cada mes y que han orado fielmente para ver este proyecto concretado: Estoy muy agradecido por su apoyo.

No hay suficiente espacio para agradecer a cada persona que ha hablado a mi vida a través de los años, pero soy una mejor persona debido a su influencia. Estoy bendecido de estar rodeado de tantos amigos.

ACERCA DEL AUTOR

El Dr. Mark Jones es pastor de oración y anciano en Mannahouse en Portland, Oregón. Mannahouse es una vibrante iglesia multi sitio con influencia mundial de la cual Mark ha formado parte por más de cuarenta años. Además de supervisar los ministerios de oración, ha impartido clases de evangelización y oración en el instituto bíblico Portland Bible College y asiste en el liderazgo de Breakthrough, un programa de rehabilitación. Mark ama a su iglesia local y su pasión es ver a las personas desarrollar una relación vital con su Creador.

Mark realizó sus estudios de grado en la Oregon State University, donde consiguió graduarse en ciencias. Continuó entonces a la Oregon Health Science University donde se licenció como doctor médico dental y trabajó como dentista en el área de Portland por treinta y seis años hasta su retiro.

Mark disfruta del ciclismo y otras actividades relacionadas con la salud y el bienestar físico. Como cualquier buen nativo del noroeste, adora una buena taza de café con sus amigos. Vive en Portland con su esposa Susan. Tienen cuatro hijos adultos y seis nietos (¡y contando!).

www.ingramcontent.com/pod-product-compliance
Lightning Source LLC
LaVergne TN
LVHW051727080426
835511LV00018B/2923